*John von Düffel*

# Wovon ich schreibe

John von Düffel

am 1. April 2012

in der Bärenmühle

*John von Düffel*

# Wovon ich schreibe

## Eine kleine Poetik des Lebens

DUMONT

Erste Auflage 2009

Umschlag: Zero, München
Gesetzt aus der Adobe Garamond
Gedruckt auf säurefreiem und chlorfrei gebleichtem Papier
Druck und Verarbeitung: CPI – Clausen & Bosse, Leck
Printed in Germany

ISBN 978-3-8321-8088-1

*Für Friedhelm Marx*

# Die Kunst des Ich

## *Über Leben und Lesen*

Identität ist das große Thema unserer Zeit. Das läßt sich ganz einfach beweisen. Bis Ende der 90er Jahre war man als Theaterdramaturg bei Publikumsdiskussionen immer mit einem Stichwort aus dem Schneider, wenn die unvermeidliche Frage kam: »Aber worum geht's in dem Stück wirklich?« Man sagte einfach: »Faschismus«. Diese Antwort war immer richtig. Inzwischen haben sich die Zeiten geändert. Wir leben im 21. Jahrhundert, und wenn man heute als Dramaturg gefragt wird, »aber worum geht's in dem Stück wirklich«, sagt man: »Identität«. Und alle nicken.

Um Identität kommt man heutzutage nicht herum. Es ist nicht nur ein komplexes, philosophisches Thema, sondern auch ein sehr lebenspraktisches, lebensnahes. Identität ist eine lokale, regionale, nationale Frage in Zeiten der Globalisierung – ein politisch und geschichtlich hochbrisantes Problemfeld. Ich will mich da nicht unnötig einmischen. Ich habe auch keine wasserdichte Identitätstheorie. Was ich vielmehr versuchen möchte, ist eine Art Gedanken- und Erfahrungsbericht aus der literarischen Beschäftigung mit diesem Thema, eine Werkstattbeschreibung zur Frage »Identität«.

Das Thema Identität begegnet einem Autor als erstes in der Frage nach dem Autobiographischen. Diese Frage liegt bei jeder Lesung in der Luft: Wo berühren sich das literarische Erzählen und die persönliche Erfahrung des Autors? Selbst ich, der ich eine literaturwissenschaftliche Ausbildung genossen habe und weiß, daß man diese Frage gar nicht stellen darf, stelle sie natürlich trotzdem. Wenn ich ein Buch lese und es kommt eine abgründige Szene darin vor, ertappe ich mich oft dabei, wie ich mir das Autorenfoto auf dem Umschlag ansehe, die Kurzbiographie lese und überlege: »Na, hat der das erlebt?« Diese Frage nach dem Verhältnis von Erleben und Erzählen stellt sich instinktiv. Ich glaube, sie hat eine uralte Berechtigung, auch wenn Literaturwissenschaftler das nicht gerne hören. Vielleicht liegt es daran, daß das Erzählen von den Großvätern und Großmüttern kommt, die früher am Feuer saßen und Geschichten zum besten gaben. Natürlich glaubten alle, daß sie das, was sie erzählen, auch erlebt haben, oder zumindest jemanden kennen, der es wirklich erlebt hat. Insofern hat Erzählen auch immer etwas mit der Unterstellung von Wahrheit oder besser Erfahrung zu tun. Wer will schon etwas Ausgedachtes, ganz und gar frei Erfundenes hören oder lesen? Das ist ein Punkt, der mich beim Schreiben, aber auch beim Lesen immer wieder beschäftigt, die Frage, wo verbindet sich das Erzählen mit der Erfahrung und der Identität eines Autors, wieviel »Autobiographisches« verträgt ein Text, wann wird er persönlich, wann wird er peinlich, welches Maß an Selbstentblößung und Maskierung ist das richtige?

Unter dem Aspekt der Identität sind aber auch die Einführungen oder Anmoderationen auf Lesungen interessant: Jedesmal passiert sozusagen in Zahlen und Fakten der eigene Lebenslauf noch einmal Revue, und man sitzt als Autor da und hört sich an, wo man Abitur gemacht hat, wann die ersten Bücher erschienen sind etc. Doch all diese biographischen Tatsachen, diese scheinbar unwiderruflichen Eckdaten einer Vita lassen sich auf ganz unterschiedliche Art und Weise miteinander verknüpfen – zu ganz unterschiedlichen Geschichten. Ich kann dieselben Zahlen und Fakten, die meine Biographie kennzeichnen, sehr verschieden interpretieren. Und das Erstaunliche daran ist: Wenn ich keinen Grund habe zu lügen, sind diese verschiedenen, einander widersprechenden Geschichten, die ich von mir erzähle, alle gleichermaßen wahr. Damit sind wir mitten im Thema »Identität als Fiktion«.

Wie kommt überhaupt eine Verbindung zwischen all diesen Fakten zustande, die wir in unserem Leben anhäufen, all den Zufällen und den vielleicht absichtsvoll herbeigeführten Begegnungen und Umständen? Wie kommt eine solche Verbindung in die Welt, wer stiftet sie und wie real und belastbar ist sie überhaupt? Ich möchte nicht zu allgemein werden, sondern mit einigen ganz persönlichen Beispielen fortfahren – wenn es um Identität geht, muß man unbescheidenerweise von sich selber sprechen. Ich will mir ein paar Daten aus meinem Leben vornehmen, um zu zeigen, wie unterschiedlich man diese interpretieren kann. Erstes Beispiel: meine sogenannte Universitätslaufbahn, die eine der kürzesten im deutschsprachigen Raum sein dürfte. Ich war insgesamt vier Jahre auf der Universität, ein Jahr in Stirling/Schottland, drei Jahre in Freiburg im Breisgau und habe dort sehr schnell in Philosophie promoviert – oder wie es so schön heißt –, ich bin dort promoviert worden. Oft wird bei der Einführung zu Lesungsbeginn hervorgehoben, daß ich mit dreiundzwanzig Jahren Doktor der Philosophie war – und ein Raunen irgendwo zwischen Anerkennung und Bestürzung geht durch den Saal. Tatsächlich ist es aber für mich eine ganz andere Geschichte. Ich bin durch diese Promotion keineswegs zum Akademiker geworden. Eigentlich war sie eine Flucht vor dem Akademischen, eine Flucht nach vorn, gewiß, aber gerade meine kurze Studienzeit weist mich eben nicht, wie vielleicht ein Personalchef denken würde, als den zielstrebigen Superakademiker aus, sondern vielmehr als Nichtakademiker. Das ist zumindest die Geschichte, die ich von mir erzählen würde. Es gäbe auch andere.

In der Chronologie der Anmoderation folgen dann die beruflichen Stationen im Lebenslauf, Übergangsjobs, erste schriftstellerische Gehversuche, Dinge, die man geschafft oder geschaffen hat. Ein Beispiel hierfür wäre mein Debütroman »Vom Wasser«. Das ist ein Buch, auf das ich wahrscheinlich nach wie vor stolz sein kann, doch gleichzeitig ist mir bewußt, daß ich nicht mehr derselbe bin, der dieses Buch geschrieben hat. Wahrscheinlich geht es vielen Künstlern, vielen Autoren so, daß sie zu ihrem Werk keine narzißtisch ungebrochene Liebesbeziehung unterhalten, sondern ein Wechselverhältnis der Anziehung und Abstoßung, der Nähe und Distanz, Identifikation und Fremdheit. Noch heute bekomme ich Anfragen, aus »Vom Wasser« zu lesen, dem Aqua-Klassiker sozusagen, und ich sage mitunter sogar ganz gerne zu, aus einer gewissen Neugier heraus. Ich lese dieses Buch und denke dabei unentwegt: »Ist das wirklich von mir? Und wenn ja, wer war ich, als ich das geschrieben habe?«

Dieser Mensch, der ich damals war, ist mir natürlich noch bekannt, und ich erkenne ihn sozusagen zwischen den Zeilen recht gut, aber ich bin inzwischen ein anderer geworden. Ich hatte neulich ein Gespräch mit einem verhältnismäßig gut informierten Journalisten, der mir vorrechnete, daß ich in zehn Jahren fünf Romane geschrieben hätte, und das, meinte er, sei doch eine recht ungebrochene Produktivität. In gewisser Weise hat er damit recht, doch auch das ist wieder nur eine Lesart, seine Interpretation. Meine Interpretation ist eine ganz andere. In diesen zehn, zwölf Jahren ist sehr viel passiert, für mich persönlich, beruflich und privat, aber auch in meiner Art, die Welt zu sehen. Jedes dieser fünf Bücher ist gewissermaßen von einem anderen geschrieben worden, es war immer etwas anderes, das mich dazu getrieben hat. In dieser Zeit hat sich so viel ereignet, daß es jedesmal einen anderen Erfahrungsstand gab, ein anderes Lebensgefühl, vielleicht auch eine Not oder einen Druck, neu zu schreiben, anders zu schreiben. Es war also keine »ungebrochene«, sondern im Gegenteil eine sehr »gebrochene« Produktivität, soll heißen, die Brüche und Umbrüche in meinem Leben waren gerade das produktive Moment und die Veränderung und Abstoßung von mir selbst die treibende Kraft.

Ich hoffe, diese Beispiele machen klar, wie sehr es darauf ankommt, die eigenen biographischen Daten zu deuten. Wir »lesen« unser Leben – immer wieder neu, immer wieder anders –, wir interpretieren es und kommen zu Schlüssen oder Mutmaßungen darüber, wie es weitergehen soll und kann. Die Art und Weise, unser biographisches Material zu ordnen und in einen Zusammenhang zu bringen, gleicht dem Lesen eines Buches. Wir unterstellen nämlich insgeheim, daß es in der Abfolge der Fakten und Erfahrungen einen »Sinn«, eine autorenähnliche Absicht gibt, wie dieses Leben gemeint ist. Und wir hoffen, daß unser Leben, während es voranschreitet, uns wie das sukzessive Lesen eines Buches der Erkenntnis, wer oder was wir sind, immer näher bringt. Und vielleicht werden wir am Ende unseres Lebensbuches zurückschauen und verstehen, wer wir waren und uns über unsere Identität ein für alle Mal im klaren sein.

Es ist leicht, diese zuversichtliche Lesart des Lebens zu belächeln. Denn natürlich mahnt uns der Existentialismus, das absurde Theater, aber auch der morgendliche Blick in die Tageszeitung, daß dieser »Sinn« nicht existiert, daß unser Leben eben kein Buch ist und auch kein zusammenhängendes Ganzes ergibt. Eine »höhere Absicht«, die »Intention« eines gottähnlichen Autors unserer Lebensgeschichte, ist nicht zu erkennen und gehört heutzutage mehr in den Bereich des Aberglaubens als des Glaubens. Dennoch sind wir meines Erachtens viel zu schnell mit der Äußerung: »Das Leben hat keinen Sinn!« Gerade im Alltag ist diese nihilistische Betrachtungsweise kaum durchzuhalten. Wir stellen ständig Beziehungen zwischen den Dingen her, die uns widerfahren. Wir geben unserem Leben Ordnung und Struktur, versuchen unsere Zeit »sinnvoll« zu nutzen und die »Zeichen« für die Zukunft zu deuten. Unentwegt müssen wir Entscheidungen treffen und können dies nur mit Blick auf einen Sinn, ein Richtig oder Falsch.

Die Semantik des Lebens ist nicht so leicht aus unseren Köpfen zu eliminieren. Sie muß auch gar nicht immer optimistisch sein, im Gegenteil. Auch der Pessimist gibt den Dingen eine Deutung, nur eben eine negative. Insofern schwanken die Interpretationen, die Bewertungen unseres Lebens, und das bisweilen extrem. Zumindest geht es mir so. Wir sind also wieder bei den Beispielen: Wenn ich zurückblicke, an guten Tagen wie heute, wo die Sonne scheint und ich ausgeschlafen habe, dann denke ich, mein Leben ist eine unglaubliche Erfolgsgeschichte. Immer wieder habe ich im richtigen Moment großes Glück gehabt, und wo nicht, habe ich das Beste daraus gemacht. Doch es gibt auch andere Tage, schlechte Tage, an denen schon das Wetter dagegen spricht aufzustehen, ich habe schlecht geschlafen, quäle mich aus dem Bett, schaffe es mit Ach und Krach unter die Dusche und denke, mein Leben ist eine einzige Geschichte des Scheiterns. All meine Niederlagen fallen mir ein, und die wenigen Erfolge scheinen mir viel zu teuer bezahlt. – Beide Interpretationen meiner Lebensgeschichte, die positive wie die negative, sind wahr. Natürlich entspringen sie einer momentanen Stimmung, dem Gefühl eines Augenblicks, aber man kann jede Erfolgsgeschichte auch als eine Geschichte des Scheiterns lesen, denn hinter jedem Erfolg verbirgt sich auch ein großes Maß an Verzicht oder Verlust, an Opfern, die gebracht wurden, auf eigene Kosten und, schlimmer noch, auf Kosten anderer.

Hierzu ein ganz banales Rechenexempel: Die Zeit, die ich damit verbracht habe, am Schreibtisch zu sitzen, habe ich nicht mit meiner Familie verbracht. Gott sei Dank ist meine Familie, was das angeht, relativ tolerant, bislang, aber falls meine Tochter irgendwann einmal über mich schreibt – ich hoffe zwar nicht, daß es dazu kommt, doch möglicherweise läßt es sich nicht verhindern –, dann kann es natürlich sein, daß sie eine ganz andere Geschichte von meinem Leben erzählt, nämlich die von einem abwesenden Vater und allem, was man mir möglicherweise sonst noch vorwerfen kann. Das wäre dann wahrlich eine Geschichte des Scheiterns, nicht nur aus einer Stimmung heraus, sondern aus gewissen sozialen Verlusten: eine sehr schmerzliche Geschichte, weil sie die Grenzen der eigenen Person übersteigt. Letztlich kann man sein Leben als ein Nullsummenspiel betrachten, denn jeder Erfolg, den man sich auf einem Gebiet erarbeitet, ist mit einem Scheitern oder zumindest mit einer Abwesenheit, einem Ausfall auf einem anderen Gebiet erkauft. Alles gleicht sich wieder aus, wie der Volksmund sagt, und insofern sind große Erfolgsgeschichten auch immer große Geschichten des Scheiterns.

Beide Lesarten des Lebens haben ihre Berechtigung. Wenn man also über das Thema Identität nachdenkt, stößt man sehr schnell auf eine logische Grundfigur, die eine Ausnahmestellung in der Philosophie innehat, auf die Figur des Paradoxons. Es sind Widersprüche, aber Widersprüche in ihrer schönsten Form, nämlich Widersprüche in Bewegung, Widersprüche, die oszillieren. Und das wäre für mich ein erster Anhaltspunkt dessen, was Identität meiner Erfahrung nach ist: nämlich so etwas wie ein Widerspruch in Oszillation.

Ein Verständnis von Identität, das den Widerspruch und die Bewegung mit einschließt, steht allerdings im krassen Gegensatz zum herkömmlichen Konzept von Identität als etwas Festem,

Fixem, Unwandelbarem. Diese tiefverwurzelte Vorstellung von Identität als einer festen Größe entspringt einer nicht zu unterschätzenden mentalen Sehnsucht: der Sehnsucht nach Eindeutigkeit. Mit klaren Zuordnungen und Festlegungen machen wir uns das Leben geheuer. Wir kategorisieren unsere Umgebung, die Menschen, mit denen wir zu tun haben, und weisen allen Dingen ihren Platz an. Damit schaffen wir Orientierung und Stabilität. Wir definieren andere Menschen unentwegt, lassen uns selber aber ungern definieren. Im Fluß des Lebens erfahren wir äußere Festlegungen, Einschränkungen und Grenzziehungen oft als etwas Künstliches, Schmerzliches oder Unwahres. Wir werden nicht gern in Schubladen gesteckt und wollen auch keine Sätze hören wie: »Das sieht dir doch gar nicht ähnlich! Du bist doch überhaupt nicht der Typ! Also, das hätte ich nun wirklich nicht von dir gedacht!« Wir fühlen uns um unser Recht auf Veränderung gebracht durch jene, die genau zu wissen scheinen, wer wir sind. Wenn man uns auf gewisse Eigenschaften festlegen oder gar reduzieren will, fordert das unseren Widerspruch heraus. Denn jede unserer Eigenschaften steht im Spannungsfeld einer Ambivalenz: Der Fleißige weiß um seine Faulheit, er bekämpft sie, aber er kennt sie als eine Möglichkeit von sich. Und er wäre nicht der Mensch, der er ist, ließe sich logisch ausschließen, daß er ihr irgendwann einmal nachgeben könnte. Sonst wäre sein ganzer Kampf gegenstandslos.

Im Leben sind wir intime Kenner unserer Widersprüche und Ambivalenzen, unserer Eigenschaften und Gegeneigenschaften. Wir spüren, daß jede Definition von uns falsch ist oder zumindest sehr, sehr vorläufig. Dennoch klammern wir uns im Denken an eben solche Definitionen und handeln mit fixen Größen und logischen Ausschließlichkeiten wie mit einer zeitlosen Identitätswährung. Wir zwängen die Dinge in engste Begriffe, tun ihnen

Gewalt an und unterstellen noch dazu, daß unsere Grenzziehungen und Unterscheidungen Bestand haben. Es gibt kaum eine stärkere Triebkraft des Denkens als die Sehnsucht nach Eindeutigkeit. Immer wieder überziehen wir die Welt mit einer starren, logischen Ordnung, und dabei erleben wir doch tagtäglich, wie sehr wir uns selber solchen Festlegungen immer wieder entziehen.

Wer über Identität ernsthaft nachdenkt, gerät notgedrungen an die Grenzen der Logik. Aber es wäre wiederum zu einfach, deshalb zu sagen, wir werfen bei diesem Thema jegliche Logik über Bord. Denn die Sehnsucht nach Eindeutigkeit ist zwar kein guter Ratgeber für die Lösung des Identitätsproblems, sie ist aber ein Teil dessen, ein Teil von uns, und gleichzeitig eine elementare Kraft, die unsere inneren Widersprüche zum Tanzen bringt. Trotz aller Sehnsucht nach Eindeutigkeit neige ich zu der Auffassung, daß Identität eine Art von Prozeß ist, ein spannungsgeladener, unberechenbarer, quasi-elektrischer Wirkungszusammenhang von Erfahren und Vergessen, Annehmen und Abstoßen, Mehrwerden und Verlust. Ich glaube, unsere Identität berührt und überschreitet immer wieder ihre eigenen Grenzen, sie schließt die Veränderung nicht aus, sondern ein, sonst wäre sie, wären wir tote Materie. Doch das sind alles Metaphern. An dieser Stelle will ich zunächst nicht mehr sagen, als daß man meines Erachtens gut beraten ist, Identität als etwas in Bewegung Befindliches zu verstehen.

Und damit sind wir schon bei dem Problem von Definition als solcher. Die alten Griechen, Aristoteles insbesondere, haben ein sehr interessantes logisches Problem entdeckt, daß man nämlich Bewegung logisch gar nicht beschreiben kann. Bewegung heißt, daß etwas hier und gleichzeitig nicht hier ist, dergleichen schließt die Logik eigentlich aus. Bewegung stellt die binäre Logik vor erhebliche Probleme, und gerade wenn man sich mit Identität substantiell auseinandersetzt, merkt man sehr schnell, daß diese Logik des Entweder/Oder überhaupt nicht weiterführt. Wie Hegel schon wußte, heißt es in einer komplexen Realität statt Entweder/Oder meistens Sowohl-Als-Auch.

Ich komme wiederum unbescheidenerweise auf mich selber zurück. Ich persönlich würde mich als einen Menschen beschreiben, der eine sehr starke kommunikative Ader hat, ich suche die Nähe zu anderen, den Dialog – nicht nur im Privaten, sondern auch in der kollektiv-kreativen Arbeit als Dramaturg im Theater. Andererseits ist es so, daß ich mir mit dem Schreiben eine der denkbar einsamsten Beschäftigungen ausgesucht oder auferlegt habe. Meine wahrscheinlich wichtigste Tätigkeit ist eine völlig einsame, isolierte und a-soziale. Was charakterisiert mich mehr? In welcher Art von Arbeit bin ich wirklich ich, im Theater oder am Schreibtisch?

Es handelt sich um eine Spielart der ganz alten Frage, die Camus schon gestellt hat, die des »solitär« oder »solidär«. Ist man in seinem Wesen ein einsamer Mensch oder einer, der in Gemeinschaft lebt und die Gesellschaft braucht, ist man ein Familienmensch oder der totale Solist und Einzelgänger? Diese Frage stelle ich mir in meinem Leben immer wieder, es ist ein Widerspruch, der sich nicht ohne weiteres lösen läßt, an dem ich manchmal auch verzweifle. Aber es ist ein Widerspruch in Bewegung: Denn natürlich gibt es Momente, wo der Satz »John von Düffel ist ein einsamer Mensch« zutrifft. Es gibt jedoch genauso Momente, wo der Satz »John von Düffel ist ein sehr sozialer und kommunikativer Mensch« ebenso zutrifft. Und es ist nicht zu entscheiden, wer oder was ich »eigentlich« bin. Man kann diesen Widerspruch nicht einfach auflösen, indem man sagt: »Sicher, er kann sehr kommunikativ und sozial sein, aber in seinem innersten Wesen ist er einsam.« Denn ich habe schon sehr oft die schmerzliche Erfahrung gemacht, daß diese Einsamkeit ein Messer ist, das mich von allem abschneidet, auch von der Kraft und Quelle meiner Kreativität. In der Isolation der schriftstellerischen Arbeit bin ich schon unzählige Male gescheitert, an eine absolute Grenze gestoßen. Ein »Leben im Schreiben«, von dem Ingeborg Bachmann einst träumte, ist mir zumindest nicht möglich. Und ich komme immer wieder an den Punkt, an dem ich mir sage, »der Mensch wird vom Menschen bewegt, ich lebe und arbeite, indem ich mit anderen lebe und arbeite«. Insofern ist das Gegenteil vielleicht viel richtiger, und das Schreiben ist »eigentlich« und »in seinem Wesen« eine Tätigkeit, die sich aus dem Miteinander, der Wechselwirkung des Erlebens und Erzählens, des Teilens und Mitteilens in Gemeinschaft speist. Gerade das scheinbar so einsame Schreiben ist möglicherweise »solidär« …

Ein anderes Beispiel. Als ich angefangen habe zu schreiben, galt ich unter den Autoren als eine Art Paradiesvogel, weil ich Schwimmer bin, Langstreckenschwimmer von Haus aus, überhaupt ein Sport liebender Mensch. So etwas gehört sich nicht für einen Autor. Autoren und Sport, das geht nicht zusammen. Aus diesem Vorurteil spricht das alte Bohemedenken, daß ein Künstler ohne zwei Schachteln Zigaretten und anderthalb Flaschen Rotwein pro Tag kein Künstler ist. Inzwischen hat sich das Bild sehr gewandelt. Wenn man in Hamburg einen Autor treffen möchte, geht man nicht ins Café oder gar in die Bibliothek, man stellt sich an die Alster und wartet, bis er vorbeigelaufen kommt. Ich weiß nicht, wie das in anderen Städten ist, ob sich der joggende Dichter sozusagen schon globalisiert hat und dieser Trend zur körperlichen Ertüchtigung bei Autoren verallgemeinerbar ist, aber er zieht schon erstaunliche Kreise. Ich habe einen guten Autorenfreund, Christoph Peters, der fast zeitgleich mit mir debütiert hat. Er war, was seine Lebensweise angeht, immer das genaue Gegenteil von mir, sozusagen der Prototyp der Rotweinfraktion, ein leidenschaftlicher Trinker und schwerer Raucher, der morgens vor 10 Uhr nicht ansprechbar war. Vor kurzem habe ich ihn wieder getroffen, und das war ein Schock. Er ist durchtrainiert wie ein Ruderer und macht jeden Morgen eine Dreiviertelstunde Gymnastik bei offenem Fenster. So kann es kommen.

Die Liebe zum Sport und das Schreiben stehen aber – da hatte die alte Boheme ganz recht – auch in einem starken Widerspruch. Mit den anderthalb bis zwei Jahren reiner Schreibzeit, die ich für einen Roman benötige, beginnt eine Phase der rigorosen Selbstdisziplinierung zum Stillsitzen – im ständigen Konflikt mit dem Drang des Sportlers, sich zu bewegen, seine Gliedmaßen zu gebrauchen, sich zu verausgaben. Es ist ein Kampf gegen die eigene Natur, ein Akt der Selbstbeherrschung und -verleugnung. Am liebsten würde ich nur draußen sein, mich unablässig bewegen – wenn ich etwas von Natur aus nicht bin, dann ein »Stubenhocker« –, doch ich muß diesen lebendigen Drang unterdrücken. Was aussieht wie die gemächliche Ruhe am Schreibtisch, ist tatsächlich ein permanentes Sich-Niederringen, Niederzwingen. Stillsitzen ist für mich eine einzige exerzitienartige Qual, die Position der maximalen inneren Unruhe, wo Bewegungsdrang und Erzählambition in einem kaum erträglichen Spannungsverhältnis zueinander stehen und einen enormen Druck aufbauen – bis zu dem Moment, in dem ich es wirklich nicht mehr aushalte und loslaufe, losschwimme.

Auf einen wesentlichen Teil von mir trifft sicherlich die Bezeichnung »Naturbursche« zu. Aber ich bin auch Theatermensch und schreibbedingter Stubenhocker wider Willen. Insofern arbeite ich tagtäglich im Spannungsfeld des uralten Widerspruchs zwischen Natur und Kunst. Das spielt auch hinüber auf die inhaltliche Ebene. Meinem ersten Roman »Vom Wasser« merkt man die Nähe zur Natur, zu gewissen Landschaften und Flüssen unschwer an. Das hat mit Romantik und Naturschwärmerei nichts zu tun. Diese Landschaften sind einfach ein Teil von mir, ihre Flüsse, Seen, Meere haben mich geprägt.

In »Vom Wasser« habe ich mich nicht entblödet, seitenweise Naturbeschreibungen abzuliefern, zu einer Zeit, als die sogenannte Popliteratur sehr hoch im Kurs stand. Ich habe es gewagt, dieser starken Anziehung nachzugeben, auf die Gefahr hin, mich vor meinen Autorenkollegen lächerlich zu machen als der Wald- und Wasserschrat unter den Schreibern. (Vielleicht waren diese Naturbeschreibungen auch eine gewisse Art literarische Ersatzhandlung – Kompensation für das lange Stillsitzen am Schreibtisch.) Doch ich hätte es von mir selber nicht gedacht, bis ich mit dem Schreiben dieses Buches anfing.

Für einen Theatermenschen ist das Naturthema verpönt. Als Dramaturg halte ich mich fast ausschließlich in abgedunkelten Räumen auf, in der totalen Künstlichkeit des Theaterbetriebs. Ganz zu Beginn hatte ich die sehr schlechte Idee, die Geschichte von »Vom Wasser« als Theaterstück zu erzählen, aber über die Elemente der Natur läßt sich schwerlich Theater machen. Man kann einen Roman von Adalbert Stifter lesen und stundenlang in Naturbeschreibungen schwelgen, aber im Theater hört Natur nicht nur auf zu sein, sie ist nicht einmal als Illusion zu haben. Wenn ich an einem sonnigen Tag wie heute zur Probe müßte und abends vielleicht noch eine Vorstellung zu begleiten hätte, wäre das einmal mehr ein Tag, an dem ich mich zerrissen fühle. Es ist nicht so, daß diese Widersprüche sich so einfach auflösen ließen im Wohlgefallen des Sowohl-Als-Auch.

Die Endlichkeit unser Zeit stellt uns immer wieder vor die Alternative: Entweder/Oder. Wir können nicht alle unsere Möglichkeiten gleichzeitig und auch nicht gleichermaßen verwirklichen. Angesichts der vielen Widersprüche, die in einer Biographie stecken, stellt sich daher die Frage: »Was prägt oder formt einen Menschen? Wieso kommt diese Möglichkeit zur Entfaltung, während jene verkümmert?« Nehmen wir den Fall auseinanderstrebender Begabungen oder Talente – die meisten Menschen sind nicht nur zu einer Sache begabt, sondern haben unterschiedlichste Interessen. Als ich Abitur gemacht habe, wurde mir eine Auszeichnung für meine Leistungen in den Naturwissenschaften verliehen. Inzwischen bin ich nicht einmal in der Lage, meine Steuererklärung selbst zu machen, weil ich nicht mehr dividieren kann. Diese Möglichkeit meiner selbst ist also verlorengegangen. Ich hatte mal eine mathematische Begabung, inzwischen beherrsche ich kaum noch das Einmaleins, so kann es kommen. Was wäre, wenn ich das Talent gehabt hätte, einer der besten deutschen Skifahrer zu werden, während mein Lebenslauf es nun einmal unglücklicherweise mit sich brachte, daß ich in der Norddeutschen Tiefebene aufgewachsen bin, wo Erhebungen von hundert Metern schon Berge heißen. Vielleicht hätte ich der beste Skifahrer der Welt werden können, und ich hab's nicht gemerkt.

Wie also kommt eine Anlage, die Begabung eines Menschen zur Entfaltung, und warum diese und nicht eine andere? Diese Problematik verschärft sich in einer hochspezialisierten Arbeitswelt wie der unseren besonders, weil das Konzept einer universellen Bildung und Ausbildung immer weiter in den Hintergrund tritt zugunsten eines einseitigen Expertentums, polemisch gesagt, einer hochentwickelten Fachidiotie. Die Wahl der Ausbildung, des Studienplatzes etc. wird zu einer Lebensentscheidung, man setzt Prioritäten, andere Interessen werden vernachlässigt oder auf die Ebene des Hobbys herabgewürdigt. Gerade bei der Ausbildungs- und Berufswahl steht man immer wieder vor der Frage: »Ist das, was mir jetzt widerfährt, ist diese biographische Möglichkeit, die sich vor mir auftut, Zufall oder Schicksal, sprich, folgt sie einer inneren Notwendigkeit?«

Es gibt Scheidewegssituationen im Leben, wo dieser Konflikt zu einer Zerreißprobe wird. Ich hatte zum Beispiel nach meinem Volkswirtschaftsstudium eine Phase, in der ich glaubte, als Homo oeconomicus tätig werden zu müssen. Ich fing an, für eine Wirtschaftsagentur in Eschborn bei Frankfurt zu arbeiten, wo im Grunde außer Geld nichts gemacht wird. Drei Wochen war ich dort tätig, dann wußte ich, das ist ein Irrweg. Man kann natürlich im Leben nur eine begrenzte Anzahl dieser Irrwege beschreiten, und es ist jedem zu wünschen, daß er irgendwann eine Tätigkeit findet, die ihm – und jetzt kommt ein sehr wichtiges Wort! – »entspricht«. Dieses Gefühl der Entsprechung ist wie eine Antwort auf die immer wieder ans Leben gestellte Frage: Wer bin ich?

Es ist vielleicht keine Definition, aber doch bezeichnend für die Identität eines Menschen, daß er das Gefühl hat, das Richtige zu tun: ganz persönlich für sich das Richtige zu tun. Und es ist keineswegs selbstverständlich, daß man sich in Lebensumständen bewegt, von denen man sagen kann: Sie entsprechen mir. Dieses Gefühl der Entsprechung ist nicht losgelöst oder ausgenommen von dem Prozeßhaften der Identität, denn es kann sich auch schnell wieder ändern. Es gibt durchaus Tätigkeiten, von denen man das Gefühl hat, sie entsprechen mir jetzt, in dieser Phase meines Lebens, aber vielleicht hören sie irgendwann auf, das Richtige für mich zu sein – weil sie für die eigene Entwicklung ausgereizt sind oder sich in der Wiederholung erschöpfen. In meinem neuesten Roman »Beste Jahre« erzähle ich die Geschichte eines Schauspielers, der in starken Konflikten mit seiner Familie, vor allem mit seinen Eltern, seinem Vater gelebt hat, doch diese Konflikte verschwinden aus seinem Leben. Das Vater-Sohn-Problem hört auf, sein Problem zu sein. Er spürt, wie langsam das Dramatische, der Sturm und Drang, das sexuelle Begehren, die Haßgefühle und Feindbilder seiner Jugend verschwinden hinter einer sehr angenehmen Gelassenheit, einem verständnisvollen Zurücklehnen und Betrachten des Lebens. Das heißt, er gerät von einem dramatischen in einen epischen Zustand und das, was ihm all die Jahre entsprochen hat, was seine primäre Ausdrucksform war, nämlich das Theaterspielen, entspricht ihm auf einmal nicht mehr. Auch in dieser Hinsicht leben und erleben wir Identität als etwas Prozeßhaftes, das sich verändern, verwandeln kann und, wie die alten Griechen sagten, »im Fluß« ist.

Ich habe mir persönlich drei Definitionen oder Auffassungen von Identität zurechtgelegt, um meine Gedanken und Beobachtungen zu diesem Thema zu sortieren. Sie haben sich zu verschiedenen Zeiten als hilfreich erwiesen, ich kann aber leider nicht entscheiden, welche die absolut Richtige ist. Vielleicht gibt es auch keine »ewig wahre« Definition, und Identität ist immer wieder etwas anderes.

Die erste nenne ich die starke Definition von Identität. Es handelt sich um das Identitätskonzept, das bei Aristoteles angelegt ist und auf den Gedanken der »Entelechie« zurückgeht. Gemeint ist, daß es ein dem Menschen innewohnendes »telos« gibt, ein Ziel im Leben, gepaart mit der Energie und Kraft, es zu erreichen, also das zu werden, was man im Kern schon immer ist. Mit anderen Worten: Jeder Mensch hat eine Bestimmung, und wenn sich nicht alle Umstände dagegen verschwören oder man sich in Irrtümern verzettelt, dann erfüllt sich diese Bestimmung auch. Demnach hat unser Leben eine Richtung und seinen sinnhaften

Kern in uns, den zur Entfaltung zu bringen unsere Lebensaufgabe ist – im wahrsten Sinne des Wortes –, denn es ist uns vom Schicksal und gemäß einer inneren Notwendigkeit aufgegeben, dieses oder jenes zu werden.

Es gibt durchaus Momente im Leben, in denen man das Gefühl hat, einer solchen Bestimmung zu folgen, so als habe man es nicht mit einer Aneinanderreihung von Zufällen, sondern mit einer höheren Schicksalsmacht oder inneren Notwendigkeit zu tun. Manchmal fühlt man sich geführt und spürt mit Gewißheit: »Daß mir das jetzt passiert, ist kein Zufall!« Diese Art und Weise zu denken kommt uns als Sinnstiftern unserer eigenen Biographie sehr entgegen. Gerade in Liebesdingen glauben wir leidenschaftlich gerne, daß es Menschen gibt, die »füreinander geschaffen« sind. Daß wir diese Frau oder diesen Mann heiraten, eine Familie gründen, dieses Kind bekommen usf., das kann doch kein Zufall sein?!

Das menschliche Gehirn ist eine Sinnmaschine. Im Prinzip sind wir ohne Unterlaß damit beschäftigt, in allem, was uns widerfährt, einen Sinn zu erkennen. Wir suchen unentwegt nach einer Antwort auf die Frage: Warum passiert mir das jetzt? Insbesondere bei Unfällen oder Katastrophen. Man denke an den klassischen Verzweiflungsausruf: »Warum mir das?« Wir wollen immer wissen, warum. Was ist der Grund dafür, daß ausgerechnet mir das passiert. Und wir bestehen geradezu darauf, daß es diesen Grund gibt, selbst wenn es sich um »reines Pech« oder »dumme Zufälle« handelt. Wir weigern uns hartnäckig, die Sinnlosigkeit eines Unfalls zu akzeptieren, so wie wir in einem Roman die Dramaturgie des Zufalls nicht gelten lassen. Es muß doch eine tiefere oder höhere Absicht geben!

Diese Denkweise folgt dem starken Konzept von Identität, dem zufolge wir aufgerufen sind, den Sinn oder die Richtung unseres Lebens und damit uns selbst zu erkennen: Auf welches Ziel läuft dieses Leben zu? Wenn mir das jetzt begegnet – wohin soll es mich führen? Wir versuchen, sozusagen die Umstände zu lesen und daraufhin zu interpretieren, was aus uns werden soll. Nach dieser Vorstellung schreiten wir immer weiter voran im Buch des Lebens, wir lesen unsere Vergangenheit und Gegenwart und deuten sie im Hinblick auf die Zukunft, erfüllt von der Zuversicht, daß die Geschichte, die wir mit unserem Leben schreiben, sich zu guter Letzt in einem Schlußkapitel runden und zu sich selbst kommen wird. Uns widerstrebt die Vorstellung, daß ein Leben einfach so abreißt, daß es ohne Sinn und Verstand ausgelöscht wird, grundlos und abrupt. Wir wissen, daß solche Dinge geschehen, aber wir können so nicht denken. Auch wenn wir die Sinnstiftungsmanie, die Lese- und Deutungswut unseres Lebens als Fiktion durchschauen, wir können nicht davon lassen. Diese naive, tiefverwurzelte Unterstellung einer Absicht oder Intention in unserm Leben holt uns immer wieder ein. Ohne diese semantische Naivität ist unser Leben nicht lebbar. Denn wenn der Glaube an den Sinn, die Sinnhaftigkeit unserer Lebensgeschichte zu oft frustriert, zu tief enttäuscht wird, zerbricht etwas in uns. Jemand, der aufgrund von Schicksalsschlägen, von Tod und Liebesverlust immer wieder vor dem Nichts steht, der wird zum gebrochenen Mann. Und gebrochen ist gerade die Sinnzuversicht seines Lebens, er kann nicht nur keine Absicht mehr erkennen, er glaubt an keine solche Absicht mehr. Er hat das Urvertrauen in den Sinn, in die Lesbarkeit seines Lebens verloren und damit auch die Kraft und den Willen zum Sein. Seine Lebens-Naivität ist zerstört. Und es ist schwer, wenn nicht gar unmöglich, unter diesen Umständen, in dieser Sinnfrustration weiterzuleben. Wir verlassen die Koordinaten des starken Identitätskonzeptes nicht ohne Not.

Ich gebe aber zu, daß ich manchmal – in verzweifelteren Momenten – zu einem schwächeren Identitätskonzept neige. Ich sage mir dann: Ich habe soviel Verschiedenes in meinem Leben gemacht, so viele unterschiedliche Dinge erfahren und erlebt, Momente der Zerrissenheit, der Selbstabstoßung, des Umbruchs, daß man eigentlich gar nicht mehr von einem gleichbleibenden »Ich« sprechen kann. Insofern ist das »Ich« kein romanhaft geschlossenes Ganzes, keine Entität, die sich entfaltet in einer Art Entwicklungsroman seiner selbst, sondern allenfalls das, was die verschiedenen, disparaten Teile des Selbst und die Episoden der Erfahrung zusammenhält. Man könnte es das »integrative Modell« von Identität nennen. Demnach ist das Ich keine feste Größe mit einem Ziel und einem Weg, sondern sozusagen ein genialer Vermittler zwischen Verschiedenem. Das trifft natürlich auch auf die unterschiedlichen Geschichten zu, die man von sich erzählen kann. Es ist also gar kein Problem, daß es diese innere Vielfalt und Verschiedenheit, diese Widersprüchlichkeit gibt, denn die Kunst des Ich, der Identität ist eben nicht nur das Eins-Sein, das Nur-Eines-Sein. Vielmehr besteht die eigentliche Aufgabe des Ich darin, all dieses Verschiedene zu verbinden, die Widersprüche zusammenzuspannen und zu vermitteln.

Dieses Konzept des Ich als Integrationskünstler seiner selbst deckt sich mit der Erfahrung, die wir alle machen: Wir spielen im Leben viele verschiedene Rollen, ohne sagen zu können, welche Rolle jetzt die eigentliche ist. Natürlich bin ich zu Hause Familienmensch, ich bin für meine Familie da, aber ich bin, wenn ich am Schreibtisch sitze und arbeite, genauso sehr der isolierte, völlig auf sich allein gestellte Autor. Beides entspricht mir, ist gleichermaßen wahr und hat seine Berechtigung, und ich bin es letztlich, der dieses an sich Unvereinbare verbindet. In diesem Sinne ist das Ich sozusagen etwas Übergeordnetes, der Moderator zwischen all den verschiedenen Rollen und auseinanderstrebenden Anteilen eines Selbst.

Doch es gibt noch verzweifeltere Momente, das sind die Stunden, in denen ich denke, ich bekomme das alles nicht mehr zusammen, diese Widersprüche, die Unruhe, die Ungeduld, das Disparate in meinem Leben. Ich neige dann zu der pessimistischen, defätistischen Ansicht, daß mein Ich, das mir eben noch als der geniale Vermittler erschien, eigentlich nur eine Fiktion ist und letztlich reine Einbildung. In Wirklichkeit tue ich nur so, als gäbe es etwas, das alles zusammenhält. Natürlich existiert eine medizinisch meßbare raum-zeitliche Konstante, die auf meinem Personalausweis als John von Düffel verzeichnet ist, aber darüber hinaus ist alles, was ich über mich sage, Fiktion und im nächsten Moment schon wieder unwahr. In gewisser Weise – es sind, wie gesagt, die trostlosen, grüblerischen Momente – habe ich das Gefühl, daß Identität nur eine Konstruktion ist, eine Art Gedankenhokuspokus. De facto gibt es jenseits meines Personalausweises nichts, was dem entspricht.

Inwiefern also ist Identität eine Fiktion? Zunächst einmal deshalb, weil wir ständig mit einer erfundenen, fiktiven Zukunft operieren. Wir treffen unentwegt Entscheidungen im Hinblick auf unsere Zukunft, obwohl sie völlig spekulativ ist. Wir müssen unser Selbst mit Blick auf diese Zukunft ständig deuten und interpretieren, ohne zu wissen, wer wir wirklich sind oder sein werden, weil wir nur mutmaßen können, wie es weitergeht, und das Ende unseres Lebens nicht kennen. Wenn jemand einen Roman liest und mir erklärt, er sei gerade auf Seite 67 und finde den Helden so oder so, würde ich antworten: Na, dann lesen Sie mal bis zum Schluß! Leider – oder Gott sei Dank – können wir in unserem Lebensbuch nicht vorblättern und schon einmal den Schluß lesen. Das Ende unserer Geschichte bleibt uns vorenthalten. Es wirft aber ein entscheidendes, erhellendes Licht auf alles Vorangegangene. Uns fehlt also sozusagen die hermeneutische Berechtigung. Wenn wir unser Leben glücklich nennen, loben wir den Tag vor dem Abend. Wenn wir unser Leben verdammen, vergessen wir, daß der am besten lacht, der zuletzt lacht. Je nachdem, was noch alles kommt und wie es ausgeht, werden wir unser Leben völlig neu und anders interpretieren. Und trotzdem tun wir so, als wüßten wir, wer wir sind. Wir müssen geradezu so tun, obwohl wir uns in Unwissenheit all dessen befinden, was noch geschehen wird. Insofern sind die Interpretationen unseres Selbst, unserer Identität mehr als nur vorläufig und mit einem großen Fragezeichen versehen, sie sind fiktiv, und zwar notgedrungen – Überbau einer Basis, die sich unserer Kenntnis zwangsläufig entzieht.

Ich will an dieser Stelle eine ganz persönliche Geschichte erzählen von einem Moment, in dem sich mein Schicksal auf besondere Weise noch einmal neu entschieden hat, es handelt sich um den fragilsten Punkt der Geschichte, die ich bin. Die Geburt meiner Tochter war eine sehr schwere Geburt, mit äußerst kritischen Augenblicken. Es gab eine Phase, als die Herztöne meiner Tochter weg waren. Das stetige Pochen, das bisher den Raum erfüllt hatte, war verstummt. Es ließ sich auch in verschiedensten Lagen und Positionen nicht wieder auffinden. Die Ärzte und Hebammen standen in großer Zahl um den Monitor und meine laborierende Frau versammelt, die Temperatur im Raum fiel spürbar. Es herrschte allenthalben große Ratlosigkeit, Schweigen. Das war der Moment, als ich mir als medizinisch einigermaßen bewanderter Mensch sagen mußte: Unter normalen Umständen kann dieses Kind nicht überleben. Wenn es überlebt, was schon ein Wunder wäre, wird es schwer geschädigt sein. Meiner Frau ging es zu diesem Zeitpunkt überhaupt nicht gut, es wurde alles medizinisch Mögliche versucht, um ihr zu helfen, und ich dachte unweigerlich, daß es im schlimmsten Fall nicht nur das Kind, sondern auch meine Frau das Leben kosten könnte. In diesem Moment im Kreißsaal war mir schlagartig klar, daß es drei Wendungen gibt, die mein Leben nehmen kann. Jede dieser Wendungen würde mein Selbstverständnis, würde den Menschen, der ich bin, fundamental verändern und meine gesamte Lebensgeschichte mit einem Federstrich umschreiben. Erstaunlicherweise waren diese drei verschiedenen Geschichten, diese Deutungsmuster alle schon da. Ich hatte das sehr unheimliche, gespenstische Gefühl, die Geschichten meines Schicksals seien schon fertig verfaßt – alle konnten sie auf mich zutreffen –, und dieser Moment von Geburt oder Tod im Kreißsaal würde entscheiden, mit welcher und in welcher Geschichte ich künftig leben muß.

Die erste Geschichte ist eine der Gunst und Gnade. Es ist die Geschichte des beredten, wortgewandten Joseph in Thomas Manns »Joseph und seine Brüder«, der geradezu unverschämt viel Glück hat. Auf ihm ruht ein Segen, er ist der Gottesliebling, der Vatersohn, dem alles gelingt – sehr zum Neid seiner Brüder, die ihm nach dem Leben trachten. Doch Joseph weiß sich auch in schwierigen Zeiten von Gott geführt und verliert dieses Gottvertrauen nie, auch wenn ihn die Nähe des Todes streift. Das war die Geschichte, an die ich zu diesem Zeitpunkt am allerwenigsten geglaubt habe.

Es gibt eine zweite, eine traurige Geschichte, die aber genauso zu mir gepaßt hätte: die des Schimmelreiters Hauke Haien. Dieser für die Nachwelt zum Gespenst gewordene Held ist ein Eigenbrötler und Außenseiter, der schon als Knabe anhand der Euklidschen Geometrie eine Idee entwickelt, wie der Deichbau an den Küsten zu reformieren sei. Dieser Idee opfert er alles, all seine Kraft, seine wachen Stunden, sein privates Glück. Er will ein Werk schaffen und dem Meer trotzen mit seinen sanft ansteigenden Deichen. Erst sehr, sehr spät geht auch er den Weg allen Fleisches und zeugt ein Kind mit seiner Frau, der Deichgrafentochter Elke Volkerts. Doch dieses Kind kommt still und stumm auf die Welt. Es ist schwachsinnig. So als hätte sich die Natur für all seine Grenzüberschreitungen gerächt. Diese Geschichte hätte – in heruntergebrochener Form – auch meine Geschichte werden können. Sie stand ganz plastisch und plausibel vor mir im Raum.

Die dritte und traurigste Geschichte ist die von Gotthold Ephraim Lessing. Dazu muß man wissen, daß mein Vater Lessing-Forscher war und mich noch heute damit aufzieht, daß seine Lessing-Kommentare zu »Nathan der Weise« mehr Auflage erzielt haben, als ich mit meinen Romanen je erreichen werde. Die dritte Geschichte also ist die von Gotthold Ephraim Lessing, einem gelehrten Dichter und betagten werdenden Vater, der bei der Geburt seines lang ersehnten Kindes mit der klugen Eva König nicht nur das Kind, sondern auch seine Frau verliert.

Alle drei Geschichten wären auf mich in diesem Moment anwendbar gewesen. Der Aus- oder Fortgang war völlig offen. Am Ende – auch wenn es nur ein sehr vorläufiges Ende ist wie alles im Leben – habe ich Glück gehabt: Es ist gleichsam die erste, die Joseph-Geschichte geworden. Doch ich bin mir bei dieser meiner Geschichte sehr bewußt, daß es genausogut eine andere hätte werden können, und im Prinzip wäre jede dieser Geschichten unabweislich wahr gewesen. Nehmen wir einmal an, es wäre die dritte Variante geworden – im nachhinein hätten alle gesagt: »Tja, Frau und Kind verloren, wie der Lessing, das war ja klar, schon sein Vater war Lessing-Forscher, und jetzt hat ihn das Lessingschicksal ereilt!« Das wäre ein Identitätsmodell gewesen, eine Art Selbstverständnis, das durchaus meines hätte sein können. Desgleichen der Mythos des Schimmelreiters: das Bild eines ehrgeizigen Menschen und späten Vaters, dem eben die Gnade eines gesunden Kindes versagt bleibt. Jedes dieser drei Modelle war eine Möglichkeit von mir, ich fühlte mich ihnen allen gleich nah, und natürlich bin ich froh und dankbar, daß alles gut ausgegangen ist. Doch dieser schwebende, prekäre Moment der Schicksalswende läßt einen mit der Frage allein, wie stabil die Semantik der eigenen Biographie ist. Wenn es so offen ist, wenn es sich in wenigen Sekundenbruchteilen so oder so entscheiden kann, gibt es dann wirklich einen Sinn, eine Richtung? Mußte es tatsächlich so kommen, oder war es Zufall, habe ich einfach nur Glück gehabt?

Immer, wenn ich darüber nachdenke, mischt sich in das Gefühl der Dankbarkeit eine Spur von Unglaube, ja, Irrealität: Mein Leben wäre völlig anders verlaufen, ich wäre ein völlig anderer geworden und gewesen – eine Lessing-Variation, eine schlechte Schimmelreiter-Kopie –, wenn das Herz meiner Tochter auch nur eine Sekunde länger ausgesetzt hätte. Daß ich mich jetzt als Josephs-Kind fühlen darf, ist angesichts der Nähe, die ich zu diesen anderen Möglichkeiten verspürt habe, geradezu unfaßbar. Ich werde diese anderen Geschichten nie vergessen. Sie laufen neben der meinen her wie Parallelerzählungen meiner selbst. Und sie lassen mir mein Glück – bei aller Freude über dieses Kind und die Gesundheit meiner Frau – seltsam unwirklich erscheinen.

Denn was heißt Glück? Die Vorstellung, Glück gehabt zu haben, einfach so, grundlos, ist genauso verstörend wie ein Schicksalsschlag aus dem Nichts. Es ist keine Notwendigkeit darin zu erkennen. Ich will mich weiß Gott nicht darüber beklagen, daß ich immer wieder großes Glück gehabt habe in den entscheidenden Situationen meines Lebens, aber es scheint mir wie ein positiv verkleideter Zufallsglaube. Glück ist schließlich nur der freundliche, lachende Zufall – aber ich weiß, daß ich es »nicht verdient« habe, daß man sich sein Glück gar nicht verdienen kann, weil es einen trifft mit der Wucht einer höheren Gewalt. Und jeden Sinn, den ich aus meinem Glück herauslese, jedes Selbstverständnis, das ich darauf gründe, ist in Wahrheit eine Anmaßung, eine Hybris der Identität – denn ich hätte genausogut ein anderer sein können. Alles, was ich zu sein glaube, ist Fiktion.

***

Jeder Mensch ist der Autor und erste Leser seiner eigenen Geschichte. Wenn man mich hier und heute fragt, wer bist du, würde ich eine Geschichte von mir erzählen. Ich würde versuchen, interesselos und somit im literarischen Sinne auf diese Frage zu antworten, schließlich will ich von niemandem einen Job. Ich könnte die Wahrheit sagen, so wie ich sie sehe, aber natürlich ist diese Geschichte eine Erzählung von mir, und die Frage ist, was geschieht dabei, als was für eine Person produziere ich mich im Erzählen? Als wen stelle ich mich dar?

Wir leben, lesen und erzählen unsere Geschichte, interpretieren sie vorwärts und rückwärts, für uns selbst und für andere, deswegen lassen sich so viele literaturwissenschaftliche Muster auf das Leben bzw. unser Selbstverständnis anwenden. Fast könnte man von einer Lesens- und Lebenshermeneutik sprechen. Jeder Literaturwissenschaftler weiß, daß man unterscheiden muß zwischen dem Autor und dem Erzähler, also zwischen mir und der Figur, die ich im Laufe des Erzählens in gewisser Weise generiere oder werde. Das ist ein unausweichlicher Prozeß, der im übrigen die Illusion des authentisch Autobiographischen völlig zunichte macht, denn beim Erzählen werde ich jemand, ich produziere mich als Erzählerfigur und entwerfe ein bestimmtes Bild von mir. Während ich eine Sprache für mich und meine Geschichte finde, erfinde, trete ich in einen Abstand zu dem, was ich bin, und verwandle mein Sein in Sinn. Ich erlebe mich im Erzählen einmal mehr als eine Sinnmaschine, die Zusammenhänge herstellt, wo ich bisher vielleicht noch gar keine Zusammenhänge gesehen habe. Ich selektiere unweigerlich, lasse gewisse Dinge weg, hebe andere hervor, strukturiere und bewerte damit das Tatsachen-Material meiner Existenz.

Das ist keine exklusiv schriftstellerische Erfahrung. Jeder, der seine Lebensgeschichte erzählt oder auch nur einen Brief an jemanden schreibt, den er lange nicht gesehen hat, kennt das. Wir schreiben oder erzählen von uns und merken auf einmal, diese Ereignisse in meinem Leben lassen sich miteinander verknüpfen, wir stellen Verbindungen her und fangen an, das Geschehene zu deuten, zu einer Geschichte zu machen. Während wir das tun, werden wir uns gleichsam unter der Hand zur Figur, denn am Ende spiegelt der Brief, den wir geschrieben haben, in seiner Sprache, seinen Aussagen und Schilderungen, eine Person, doch diese Person habe ich im Schreiben und Erzählen erschaffen, und das Bild dieser Person entspricht mir nur zu einem gewissen Teil, es entspricht – wenn ich ein guter Briefschreiber oder Erzähler bin – viel eher der Person, die ich sein möchte. In jedem Fall gibt es keine totale Entsprechung. Das heißt also, während wir einen Brief verfassen, einen Roman schreiben, unsere Lebensgeschichte erzählen, passiert etwas mit uns, eine Verwandlung. Wir können gar nicht umhin, uns zu erfinden. Im Erzählen, im Spiegel unserer Sprache entwerfen wir eine Figur, mit der wir nicht identisch sind.

Als ich in Vorbereitung auf diese kleine Poetik des Lebens anfing, mir Notizen über Identität zu machen, war dies eine Art früher Fund. Ich wollte die kühne These aufstellen, »Identität ist die Geschichte, die man von sich erzählt.« Diesen schönen Satz muß ich jetzt leider selber relativieren, denn in dem Moment, wo ich – und sei es auch mit dem größten Wahrhaftigkeitsanspruch – meine Geschichte erzähle, entwerfe ich eine Figur, der ich nur teilweise entspreche. Die Semantik des Selbsterzählens, der Selbstinterpretation ist leider eine sehr trügerische Angelegenheit. Jede autobiographische Äußerung spielt unweigerlich hinein in die Auto-Fiktion.

Das heißt aber nicht, daß es keinen Unterschied gibt zwischen einem Roman und einer Autobiographie. Nur liegt dieser Unterschied nicht darin, daß der Roman, wie es so schön heißt, »frei erfunden« ist, während die Autobiographie gewissermaßen vom Leben in die Feder diktiert wurde und keinerlei Erfindungen enthält. Der Autobiograph entwirft notwendigerweise ein Sinn-Bild seiner selbst, genauso wie der Romancier in seiner Geschichte ein Sinn-Bild seines Stoffes entwirft. Der Unterschied zum Roman besteht lediglich darin, daß die Autobiographie erklärtermaßen das eigene Ich zum Gegenstand hat. Doch von sich zu erzählen ist genauso ein künstlerisch literarischer Vorgang, genauso ein Akt der Deutung und Erfindung und daher auch nicht authentischer als das Erzählen eines Romans, eher im Gegenteil.

Dieser fiktionale Zug von Identität, von jeder Art des Selbstentwurfs zeigt sich nicht nur mit Blick auf die Zukunft, sondern auch beim Rückblick in die Vergangenheit. Als Autor ist man immer wieder angehalten, sich die verschiedenen Lebensstadien in Erinnerung zu rufen: Kindheit, Jugend, Studium etc. Man merkt aber mit der Zeit, daß sich Identität nicht als Kontinuität, als ein kontinuierlicher Prozeß darstellen läßt, sondern in Sprüngen vollzieht. Wenn ich mich mit meiner Frau zusammen erinnere, wer wir einmal gewesen sind – wir sind schon sehr lange ein Paar –, und sie erzählt mir, was wir früher alles so gemacht haben, dann bin ich manchmal baß erstaunt. Ich kann mir gar nicht mehr vorstellen, wer ich damals gewesen bin, was meine Träume und Ängste waren, welches Lebensgefühl mich beherrschte. Wenn es stimmt, daß man ist, was man ißt, dann kommt man schon reichlich ins Grübeln, wenn man sich an die Speisen erinnert, die man früher einmal geliebt und gegessen hat: Milchreis mit Zimt und Zucker zum Beispiel – wie lange bin ich schon kein Milchreis-mit-Zimt-und-Zucker-Esser mehr! Oder Marzipan. Als Kind mochte ich Marzipan über alles – und meine Mutter schickt mir noch heute zu jedem Geburtstag Marzipan-Kugeln. Dabei esse ich schon seit meiner Pubertät kein Marzipan mehr, auch wenn ich nie den Mut hatte, es ihr zu sagen, und es in diesem Leben wohl auch nicht mehr über die Lippen bringe. Meine Mutter hat mir mittlerweile 27 Jahre lang Marzipan geschenkt, das ich nicht angerührt habe. Ihr jetzt zu gestehen, daß sie schon lange keinen Marzipan-Esser mehr zum Sohn hat, das kann ich nicht.

Ein anderes Beispiel: Ich habe einen Roman geschrieben, in dem es bedingungslos um Körperkult geht, um die Sucht und Sehnsucht nach dem perfekten, selbstgestalteten Körper. Der Arbeitstitel dieses Buchs lautete »Körper«, und das war Programm. Es sollte ausschließlich von dem Versuch einer Selbstdefinition im eigenen Fleisch handeln. Später wurde daraus dann der Verlagstitel »Ego«. Während der Arbeit an diesem Buch habe ich mich extrem in die sogenannte Recherche begeben, in eine Art Selbstexperiment. Ich habe mir ein beinhartes Trainingsprogramm auferlegt, und meine Frau behauptet – wie gesagt, ich kann es mir von mir nicht mehr vorstellen –, daß ich sogar nachts vor dem Fernseher noch Hanteltraining gemacht habe. Es existiert, Gott sei Dank, kein Fotobeweis, aber ich fürchte, sie hat recht. Und das ist nur ein Beispiel für die Dinge, die man im

Laufe eines Lebens gesagt oder getan hat, für etwas, das man in gewisser Weise gewesen ist, auch wenn man sich heute nicht mehr vorstellen kann, es einmal gewesen zu sein.

Niemand, der wie ich die Vierzig überschritten hat, weiß mehr, wie es ist, jung zu sein. Wie es war, ganz am Anfang zu stehen und nicht zu wissen, was man mittlerweile weiß. Wir können nicht ausblenden, was wir über uns im Verlauf unseres Lebens gelernt haben. Wir können die Zeit nicht zurückdrehen und uns wahrhaftig hineinversetzen in uns, als das Stück Zukunft noch fehlte, das wir schon kennen, als noch ein unbeschriebenes Blatt war, was längst unsere Geschichte geworden ist. Metaphorisch gesprochen: Wenn man die Hälfte des Buches schon gelesen hat, kann man sich nur sehr bedingt an das Gefühl auf Seite 16 erinnern, vor allem, wenn man im Fall des eigenen Lebensbuches nicht einmal weiß, ob es überhaupt weitergeht und wieviel Seiten es haben wird. Wir neigen dazu, im Rückblick zu sagen: Alles nicht so schlimm, du wirst es überleben – aber natürlich ist es schlimm, und ob man es überleben wird, kann keiner sagen.

Ich habe eingangs von dem Gefühl erzählt, während der Arbeit an diesen fünf Romanen innerhalb von zehn Jahren jedesmal ein anderer gewesen zu sein. Das ist nichts Besonderes. Die meisten Menschen verändern sich in einem solchen Zeitraum, nicht so rasant, nicht so sprunghaft vielleicht, aber möglicherweise genauso fundamental. Der einzige Unterschied ist, daß die Veränderung in meinem Fall durch die Bücher dokumentiert ist. Es hat immer wieder andere Geschichten gegeben, in denen ich gelebt habe, die ich im Erzählen ganz oder teilweise war, zumindest als Metapher meiner selbst.

Die Macht der Veränderung erlebt man jedoch nicht nur als Autor eines Romans oder einer Lebensgeschichte, sondern auch als Leser. Wenn man ein gutes Buch liest, dann zeichnet es sich dadurch aus, daß es den Leser in jedem Lebensalter, jeder Lebensphase noch einmal anders spiegelt. Wer zum Beispiel die »Buddenbrooks« mit sechzehn gelesen hat oder lesen mußte, wird nicht viel verstanden haben, möglicherweise hat er sich ein bißchen mit Hanno Buddenbrook identifiziert, seinen Schulproblemen, seiner Fremdheit in diesem bürgerlichen, ökonomisch dominierten Leben. Wenn er es dann später noch einmal liest, mit Mitte Zwanzig, in dem Alter, in dem Thomas Mann den Roman geschrieben hat, oder es mit vierzig oder sechzig noch mal zur Hand nimmt – in einem Alter, in dem die Figuren des Romans schon langsam anfangen zu sterben, dann wird er in diesem Buch jeweils etwas völlig anderes sehen und entdecken. In gewisser Weise ist es ein anderes Buch. Und ich würde sogar so weit gehen zu behaupten, daß es für Thomas Mann immer wieder ein anderes Buch gewesen ist.

Thomas Mann hat für meine Begriffe mit den »Buddenbrooks« einen Roman geschrieben, der über seine eigene persönliche, biographische Erfahrung weit hinausgeht. Er hat das Erbe, den Erfahrungsspeicher seiner Familie angezapft und Gestalten geschaffen, die ihm die Familie als Matrix gegeben hat. Selbstverständlich handelt es sich nicht um einen autobiographischen Roman in dem Sinne und auch nur teilweise um einen familiären Schlüsselroman, wohl aber um ein fiktionales Werk, das von Erfahrungen innerhalb einer Familie profitiert, die mal erzählend, mal stillschweigend weitergegeben werden, die auf den verschiedensten Ebenen tradiert werden, und die dem Autor die Möglichkeit geben, klüger zu sein als er selbst. Zumindest hatte ich mit Ende Dreißig beim Wiederlesen des Romans den Eindruck: Die Todeserfahrung, die Erfahrungen des Scheiterns sind bei aller Mannschen Ironie so genau beschrieben, das kann ein Autor um die Zwanzig so nicht gewußt haben. Vielleicht hat er es geahnt, aber daß es so dasteht, ist sicherlich ein Erbe, das er mitbekommen und in Worte gefaßt hat. Diese Worte, diese Zeichen weisen über sich hinaus. Sie stehen in einer Relation der Unschärfe zu unserer Wirklichkeit, aber diese Unschärfe ist etwas Produktives, eine Unschärfe, durch die wir eigentlich sehend werden. Sie ermöglicht es uns, Sinn zu konstituieren, Erkenntnis zu zeitigen, dort, wo vielleicht der Autor selbst im Schreiben gar nicht so viel gesehen hat.

Und damit komme ich zu der abschließenden Frage: Wer hat eigentlich die Autorität über unsere Identität? Wer kann unsere Identität am genauesten feststellen, am klarsten definieren? Ich habe vorhin meinen Personalausweis ins Spiel gebracht. Das ist eine sehr prosaische, an jedem Flughafen immer wieder erlebbare Feststellung von Identität. Es gibt auch den Fall, daß der Ehepartner einen besser kennt als man sich selber: Meine Frau weiß manchmal viel früher als ich, wie ich in einer Situation reagiere. Manchmal kann sie vorhersagen, was ich tun werde, während mir das selber noch gar nicht klar ist. Manchmal kann sie auch meine Sätze zu Ende sprechen, während ich noch nach Worten suche. Insofern habe ich gelegentlich das ungute Gefühl, da weiß jemand besser über mich Bescheid als ich selber. Diese Frage stellt sich auch in der Interpretation der Geschichte, die ich erzähle oder bin – und damit sind wir wieder beim Kunstwerk: Wer hat eigentlich die Autorität über die Interpretation dieser Geschichte, ist es der Autor oder der Leser? Wenn ich öffentlich erzähle, was ich in meinem Buch alles geschrieben habe oder geschrieben zu haben glaube, kann der Leser protestieren und mir widersprechen: »Das steht da doch überhaupt nicht drin!« Wer hat nun recht? Wer besitzt die Autorität über die Geschichte, die Definitionsmacht über unsere Identität?

Hier kommt die alte Frage von Selbst- oder Fremdeinschätzung ins Spiel: Als Autor weiß man, daß man nicht unbedingt der berufenste Interpret seines eigenen Werkes ist. Selbstinterpretationen bewegen sich auf sehr dünnem Eis, aber gerade eine solche Selbstinterpretation ist die immer wieder umgeschriebene und neu definierte Geschichte unseres Ich, ist unsere Identität, so wie wir sie verstehen.

Insofern kann man durchaus die Strömung des Behaviorismus nachvollziehen, die sich nicht auf die Selbstauskünfte der Seele verlassen wollte, sondern ausschließlich auf die Erforschung des menschlichen Verhaltens beschränkte nach dem Motto: »Vergessen Sie Ihr Innenleben, all diese Psychologisierungen! Die einzige wirklich zuverlässige Deutung dessen, was Sie sind, ist Ihr Verhalten. Was zählt, ist die äußere Wirklichkeit, die innere Wirklichkeit ist nur eine Täuschung, Selbstbetrug.« – Ich neige nicht zu dieser Ansicht, nicht in letzter Konsequenz, doch sie unterstreicht, wie fiktiv oder spekulativ unsere Identität ist.

Ich habe von der Geschichte gesprochen, die man von sich erzählt, und möchte noch einmal auf den Spezialfall Roman kommen. Jeder Roman ist ein komplexes Gebilde, eine großangelegte Organisation von Sprache und Erfahrung, er konstituiert die Identität seiner Figuren und ihrer Geschichte ohne die Behauptung, das Abbild einer realen Person zu sein. Ich glaube, daß dies der Wahrheit oder Wahrhaftigkeit des Erzählens zuträglich ist, nach allem, was ich über Identität weiß. Ich bin kein Freund des rein Autobiographischen, weil meines Erachtens das Entscheidende an einem guten Buch, an einem Kunstwerk nicht nur ist, daß es Erfahrungen beschreibt, sondern daß es in gewisser Weise auch Erfahrungen hervorbringt. Das heißt, ein großer Roman besitzt nicht nur einen reichen Erfahrungsgehalt, er konstituiert Erfahrung. Der Prozeß, ihn zu lesen, ist gleichsam ein Prozeß, ihn zu leben. Ein guter Roman nimmt seine Leser mit auf eine Reise, sie verändern sich im Lesen, bekommen einen anderen Blick auf sich und die Welt. Letztlich ist es das, was ich von einem anspruchsvollen Roman fordere und auch von mir selbst als Autor, daß mich die Erzählung dieser Geschichte verändert, daß ich, wenn ich sie gehört, gelesen, geschrieben habe, nicht mehr derselbe bin, der ich vorher war.

Damit komme ich zur Definition von Identität als Prozeß zurück. Nach meiner Überzeugung besteht Identität auch darin, einen Prozeß der Verwandlung, der Veränderung durchzumachen, wobei man nicht nur Gegenstand dieses Prozesses ist, sondern auch und vor allem Mitverursacher, Antreiber dieser Veränderung. Normalerweise fürchten wir jede Veränderung, wir klammern uns an das, was wir haben und zu sein glauben, aber tatsächlich ist Veränderung etwas, das wir selber hervorbringen. Wir verändern ja auch uns. In meinen Augen ist das ein Kriterium für ein reiches, gutes Leben und einen reichen, guten Roman, daß darin ein Prozeß der Veränderung sichtbar, spürbar, erfahrbar wird. Mein persönliches Kriterium für eine glaubhafte Identitätsgeschichte, für einen glaubhaften guten Roman ist, daß er eine Komplexität hervorbringt. Die Lebensgeschichten im Gewand einer Erfolgsgeschichte, wie Personalchefs sie zu hören bekommen, sind hingegen frisiert. Es sind Geschichten, die eindimensional gestrickt sind, in durchschaubarer Absicht, sie sind auf Erfolg, auf eine eindeutige Aussage getrimmt. Aber die reiche und bereichernde Lebensgeschichte, die literarische Lebensgeschichte ist eine der Widersprüche, der Ambivalenzen, der Komplexität und der Bewegung durch diese Widersprüche hindurch. Dadurch nähert sie sich bei aller Fiktionalität der Wahrheit, zumindest im übertragenen Sinn. Insofern glaube ich, daß eben nicht das Gleichbleibende, die mental ersehnte Einfachheit und

Eindeutigkeit, sondern Komplexität und Veränderung Kennzeichen für den Prozeß der Identitäts- bzw. Selbst-Erfahrung sind, aber auch für Wahrheit und Wahrhaftigkeit in der Literatur – für die Bewegung der Widersprüche, ihr Oszillieren und das Leben dazwischen.

## Literatur und Sport

### *Der Autor als Sportler, der Roman als Marathon*

Literatur und Sport sind unvereinbar, das lernt man schon in der Schule. Die Quälereien des Sportunterrichts und die körperlichen Demütigungen auf dem Pausenhof führen dazu, daß sich die Welt der Heranwachsenden sehr bald in zwei Lager teilt: auf der einen Seite die Athleten und ewigen Sieger, denen keiner etwas anhaben kann, auf der anderen die körperlich Unterlegenen, die sich in abseitigere Bereiche flüchten. Sie werden Mathe-Freak, Tüftler in tageslichtlosen Hobbykellern oder Geisteswissenschaftler. Zumindest zu meiner Zeit war das so.

Meine ersten Erlebnisse im Sportunterricht waren geprägt von ledergesichtigen Turnlehrerinnen, die mich als Grobmotoriker zu gymnastischen Übungen zwangen, die ich nicht einmal theoretisch verstand. Sie sahen aus wie in die Jahre gekommene, unverwüstlich zähe BDM-Mädels, hatten stets eine Trillerpfeife um den Hals und einen Ton am Leib, mit dem sie es als Lageraufseherinnen weit hätten bringen können. Der Faschismus-Verdacht gegenüber jeder Form von sportlicher Betätigung, wie ihn Elfriede Jelinek in ihrem »Sportstück« formuliert, beschlich mich mit achteinhalb.

Sport hat ganz ohne Zweifel etwas mit der Ausübung von Macht, Gewalt und Grausamkeit zu tun, insofern ist er – wie die Literatur – ein Spiegel des Gesellschaftlichen unter den Vorzeichen des Spiels, nur eben in brutalster physischer Unmittelbarkeit. Er wird von den Klammern des Spiels eingefaßt, aber innerhalb dieser spielerischen Parenthese sind die Aggressionen und

Ängste, die Kämpfe und Niederlagen bitterer Ernst, und sie sind nicht nur symbolisch, sondern in erster Linie leibhaftig.

Die Frage ist nicht, ob dem Menschen beim Sport Gewalt angetan wird, sondern lediglich von wem. Es gibt Mannschaftssportarten, bei denen der Schmerz meist vom Gegner kommt, es gibt Ausrüstungssportarten wie Golf, bei denen die hauptsächliche körperliche Betätigung darin besteht, das eigene Equipment zu schleppen. Die Art von Sport, die ich auf ihre Beziehung zur Literatur untersuchen will, ist der sogenannte Individualsport, also das gleichsam ins Sportliche hinein verlängerte Einzelkämpfertum des Autors: Laufen, Schwimmen, Ausdauertraining. Auch in diesen Disziplinen werden Kämpfe ausgetragen, Qualen bereitet, Schmerzen zugefügt, aber sie sind gewissermaßen selbstauferlegt, selbstbestimmt. Der Autor als sportlicher Individualist ist in seinem Element, dem ihm eigenen seelisch-körperlichen Haushalt, bestehend aus einem Pensum, das er sich vorgenommen hat, und dem Willen, es zur Wahrung seiner Selbstachtung zu erreichen.

Die meisten schulsportlichen Traumatisierungen sind hingegen Erlebnisse äußerster Fremdbestimmung: das Gezwungenwerden zu etwas und das beschämend offensichtliche Versagen vor den Augen der anderen. Gerade im Scheitern ist Sport gnadenlos. Anders als im Deutschunterricht ist das Ungenügen in der Turnhalle objektiv und auch für den Dümmsten zu erkennen. Man wird Letzter beim Wettlauf, schafft die Übung am Barren nicht, hängt wie ein nasser Sack am Reck oder steht bei der Aufteilung der Fußball-Mannschaften mit gesenktem Kopf da und wird von niemandem ins Team gewählt.

Schulsport ist angewandte Sozialkunde, eine gesellschaftliche Repressionsübung und wehrsportliche Lektion am eigenen Leib: Rangordnungen bilden sich heraus, eine Art Rudelhierarchie, geformt durch die physische Stärke der einen und die Schwäche der anderen, Macht- und Ohnmachtgefühle.

Die ganze Grausamkeit des Sportunterrichts kam mir neulich noch einmal zu Bewußtsein, als ich Notizen kritzelnd im Park saß und eine Schülergruppe im Dauerlauf vorbeikam, ein Feld von keuchenden, krakeelenden, laut schwatzenden Vierzehnjährigen. Nur ein kleiner, dicklicher Junge schleppte sich mit deutlichem Abstand hinterher. Der Sportlehrer blieb, auf der Stelle trabend, zurück, heftete sich dann an die Fersen des Nachzüglers und trieb ihn immer wieder mit dem Zuruf an: »Hopp, Hopp! Komm, komm! Alles eine Frage des Willens! Alles eine Frage des Willens!«

Das war falsch. Es war natürlich keine Frage des Willens, es war eine Frage des Körpers, und dieser Junge hatte nicht die geringste Chance.

Ich möchte nicht wissen, was für Alpträume er vom Sportunterricht hatte. Fest steht, daß in diesen Schulstunden mehr noch als sonst knallhart und unwiderruflich Zugehörigkeiten definiert werden. Und ob man dazugehört oder nicht, ist eben keine Frage des Willens. Es wird am Körper, an seiner Kraft und Leistungsfähigkeit festgemacht sowie später am Zeugnis. Keine Schulnote ist so sehr Ehrensache wie die Sportzensur. ›Sport 1, Deutsch 4 bis 5‹, mit einem solchen Zeugnis ist man ein Held. Umgekehrt scheint ein Germanistikstudium unausweichlich für all jene, bei denen es heißt, ›Sport 4, Deutsch 2 +‹. So trennen sich die Wege.

Man kann diese ersten schulsportlichen Erfahrungen hochrechnen und sich vorstellen, daß einigermaßen wortgewandte Menschen wie Autoren in der Lage sind, diese Sporttraumatisierungen der frühen Jahre zu verarbeiten, daraus eine sportfeindliche Philosophie zu entwickeln und sie in die Selbststilisierung ihres Dichterbildes einfließen zu lassen. Und damit bin ich bei dem ersten kritischen Punkt im Verhältnis von Literatur und Sport: die Dichterbilder, die Autorenstilisierungen, die Mythen, die Schriftsteller von sich selbst in die Welt setzen. Sie alle weisen weitgehend vom Sport weg. Und auch Bertolt Brecht, der vielzitierte, der sich mit Max Schmeling ablichten ließ und wie ein Tabubrecher die Nähe zu den großen proletarischen Sportereignissen suchte, war zwar ein Sportfreund im passiven Sinne und hat sich Boxkämpfe mit großer Begeisterung angesehen, aber ein Sport-As war er bekanntlich auch nicht gerade. Das Bild des Sportlers ist und bleibt mit dem Dichterbild schwer zu vereinbaren. Die einen sind die Athleten des Körpers, die anderen sind gleichsam die Athleten des Geistes, aber dazwischen gibt es so gut wie keine Verbindung.

Zu den Autoren, die sich ausdrücklich als Anti-Sportler stilisiert haben, gehört auch Thomas Mann. Er hat das Bild eines Dichters entworfen, der seine Produktivität, seine Schaffenskraft nicht aus der Stärke, aus der körperlichen Überlegenheit bezieht, sondern aus der Schwäche. Sein Verständnis von Künstlertum geht aus vom kranken, gesellschaftlich nichtzugehörigen Menschen, der durch den Mangel an Gesundheit, durch sein Nicht-Mitmachen-Können einerseits stigmatisiert, andererseits privilegiert ist, denn aufgrund seiner Außenseiterposition hat er auch einen besonderen Blick auf die Geschehnisse des Lebens. Er beobachtet die Welt aus einem Abstand heraus, aus dem Abstand des Einsamen, Ausgenommenen, und er kann auf diese Weise Dinge sehen, ist für Dinge sensibilisiert, die den anderen in ihrer Geschäftigkeit, im täglichen Machen und Tun verborgen bleiben. Sie laufen mit, er hingegen schaut drauf.

Wir wären also wieder beim Bild des schmächtigen, nicht in die Mannschaft gewählten Jungen, der mit hängenden Schultern am Rand des Spielfelds steht, während die anderen um einen Ball herum toben, oder bei dem fiebrigen kleinen Kerl in seinem Bett, der durch das Fenster mit den zugezogenen Gardinen das Johlen und Gelächter der anderen Kinder hört. Solche Assoziationen stellen sich bei Thomas Manns Beschreibungen von Krankheit, Dekadenz oder Schwäche als literarischer Produktivitätsquelle unweigerlich ein. Und es lohnt sich, auf dieses Dichterbild näher einzugehen, weil damit eine zentrale Frage verknüpft ist: Woher kommt die literarische Produktivität? Welche Rolle spielt dabei der Körper, die physische Verfaßtheit eines Menschen? Ist es, wie Thomas Mann beschreibt, die körperliche Schwäche, die Literatur generiert, oder hat Produktivität auch mit Stärke zu tun?

Ein weiteres gängiges und immer noch gegenwärtiges Dichterbild ist das schon erwähnte Klischee der Boheme, die mit dem Sport auch nichts am sprichwörtlichen Schlapphut hat. Der Bohemien, der sich mit Rotwein und Zigaretten durch die Abende rettet und nachts im späten Vollrausch geniale Zeilen aufs Papier bringt, ist so ziemlich das Gegenteil des Sportlers – man möchte ihn sich auch in Turnhose nicht vorstellen. Doch so abgegriffen es auch wirkt, dieses Bild des Künstlers, der den wehenden roten Schal umgeschlungen hat und sich von vornherein als Sonderling begreift, für den Dabeisein eben nicht alles, sondern für den alles Nicht-Dabeisein ist – dieses Klischee ist nicht nur weit verbreitet, es lebt noch immer und feiert, wie man so schön sagt, fröhliche Urständ.

Eng verbunden mit diesem – neudeutsch ausgedrückt – Image des Dichters ist die Geschichte der Entstehung seines Werks, und diese Geschichte ist heute wichtiger denn je. Gemeint ist die Story nicht *des Buches*, sondern *um das Buch herum*, die Legende vom Leben und Schreiben des Autors. Es gibt da die verschiedensten Varianten, angefangen von Charles Bukowski mit seinen semi-biographischen Suff- und Siffgeschichten über Henry Millers erotische Schreib- und Liebesexperimente bis hin zu Charlotte Roches anal-verbalen Feuchtbiotopen. Mythen und Märchen ranken sich um Bücher wie den ersten Band von »Harry Potter«, den die damals arme und mittellose Joan K. Rowling am Kinderwagen ihres Sohnes geschrieben und durch die Straßen von London mit sich herumgeschoben haben soll. Ob das wahr ist oder einfach nur gut erfunden, steht auf einem anderen Blatt.

Man mag davon halten, was man will, Tatsache ist: Der Autor wird zusehends selbst zu einer Geschichte, und die Geschichte seiner Person, seiner Arbeitsweise und Lebensform wird immer mehr zum Verkaufsargument für ein Buch. Das heißt, der Autor muß etwas um sich und sein Buch herum erfinden oder bauen, eine Aschenputtel-Geschichte oder eine Sex-and-Drugs-and-Rock n'Roll-Legende, er muß den Popstar geben oder den Underdog, der sich als Bananenschneider und Müllsortierer durchgeschlagen hat und seinen Roman im Gulli verfaßt hat. Ein Bohemien mit seinen Exzessen, Abstürzen, Krisen und Katern hat da natürlich einiges zu erzählen, aber ein Sportler-Dichter? Ein Autor, der sich gesund ernährt, der früh schlafen geht, morgens seine Gymnastik macht und ansonsten schreibt – ein solcher Autor ist ungefähr so interessant wie ein Bircher-Müsli zum Nachtisch. Das ist nicht die Geschichte, mit der man Bücher an den Mann oder die Frau bringt.

Das hat einen ganz alten Grund, auch wenn man es vielleicht als Perversion unserer Zeit geißeln möchte. Zum Berufsbild des Dichters gehört seit jeher der Glaube, er besitze eine Art Ausnahmestellung in der Gesellschaft – er sei gewissermaßen ausgenommen von den Gesetzen, nach denen die Gesellschaft funktioniert. Im Genie-Kult des 18. Jahrhunderts hat diese Gegenüberstellung von Künstler und Gesellschaft ihre extremste Ausprägung erfahren, wobei es interessanterweise nicht nur das Genie ist, das diese Ausnahmestellung für sich reklamiert, es sind auch die Bürger, die den zum Genie stilisierten Autor auf diesen Sockel des Außergesellschaftlichen stellen. Im Bild des Genies vereinen sich viele Sehnsüchte, die jeder von uns in sich trägt, und die größte Sehnsucht ist letztlich, daß dieses Genie nicht den irdischen Zwängen und Beschwerungen unterliegt, an denen wir leiden, sondern gewissermaßen frei ist. Es fliegt, es schwebt, es steht über den Dingen und lebt ein extremes, extrem anderes Leben, es ist ausgenommen von all dem, was wir in der Wirklichkeit und im Alltag durchmachen müssen, vor allem aber dem zermürbend Mittel- und Regelmäßigen, dem Schwarzbrot des Einerlei. Es lebt eine Ausnahme-Existenz mit allen Höhen und Tiefen – aber bitte, ohne Mitte.

Ich möchte hierfür den Begriff – nicht des Lustprinzips, sondern des Rauschprinzips einführen, im Gegensatz zum Realitätsprinzip. Wir alle leben und arbeiten tagaus, tagein unter dem Druck des Realitätsprinzips. Auf das Genie hingegen projizieren wir unseren Wunsch, daß es jenseits dieses Realitätsprinzips noch etwas geben möge, nämlich das Genie, das im Rausch schafft: Für das Genie ist das Schreiben eben nicht schwere Arbeit, es wird gewissermaßen von Inspiration beflügelt, zeitlos, schrankenlos, nicht von dieser Welt. Das Genie erlebt extreme Momente von ekstatischer, überbordender geistiger Kraft, und dann wieder Momente tiefster Auslöschung, nach denen es sich wie ein Phoenix aus der Asche erhebt usf. Es ist kein eigenverantwortlicher Akteur, der nach dem Realitätsprinzip plant, handelt und die Konsequenzen zu tragen hat, sondern das orakelartige Medium einer in letzter Instanz göttlichen oder dämonischen Inspiration und produziert in Schüben, in schaffensepileptischen Anfällen. Eben darum ist das Bild des Genies so langlebig, weil es ein nicht totzukriegender Traum von uns ist, daß es eine Lebens- und Arbeitsform gebe möge neben dem nüchternen Arbeitsalltag, den wir kennen. Und diese Sehnsucht hält den Genie-Wahn wider besseres Wissen am Leben.

Friedrich Nietzsche, der mit seinem traurigen Schicksal das Klischee von Genie und Wahnsinn geradezu beispielhaft erfüllt, hat schon bei den großen Tragödiendichtern der Antike erkannt, daß literarische Produktivität nicht aus Zuständen inspirativer Verzückung besteht. In »Die Geburt der Tragödie aus dem Geist der Musik« hat er das Zusammenwirken zweier Prinzipien als die Grundvoraussetzung großer Dichtkunst ausgemacht: das dionysische Prinzip des Rausches, des überbordend Stofflichen, der ungeschiedenen Leidenschaften und der Wildheit einerseits und andererseits das apollinische Prinzip der Ordnung, der Formgebung und Struktur. Er hat diese beiden Prinzipien – benannt nach Dionysos als dem Gott des Rausches und nach dem Sonnengott Apoll – als ästhetische Prinzipien verstanden, aber sie lassen sich auch als lebenspraktische Prinzipien verstehen, die den Arbeitsalltag des Schriftstellers und sein Selbstverständnis charakterisieren. Und wenn man unter diesem Gesichtspunkt die landläufigen Dichterbilder betrachtet, muß man sagen, daß es eine übertriebene, geradezu fahrlässige Überschätzung des Dionysischen gibt – während die Ordnung, die Disziplin, die Strukturiertheit literarischer Arbeitsprozesse völlig unterschätzt, wenn nicht gar ausgeblendet wird. Kein Wunder, denn wir wollen in unseren Sehnsüchten von der Realität der Arbeit nichts wirklich wissen, wir wollen diese Realität, den Arbeitscharakter des literarischen Schaffens ausblenden, zugunsten des Rausches, des Rauschprinzips als Utopie einer Produktion, die keine Arbeit ist. Doch genau das ist das Problem. Es ist reines Wunschdenken, teilweise auch der Autoren selbst.

Es läge mir fern zu behaupten, daß die verschiedenen Dichterbilder vom kreativen Kranken über den Bohemien als späten Erben des Dionysos bis hin zum Goetheschen Groß-Genie reine Erfindung sind und ihnen gar nichts entspricht. Es gibt in der Tat unterschiedliche Autorendispositionen, Arbeitsgewohnheiten, Eigenheiten, anhand derer man geradezu eine kleine Typologie der Autoren aufstellen könnte. Natürlich ist eine solche Typologie immer mit Mythisierungen und Stilisierungen vermischt, aber ich will versuchen, sie so weit wie möglich auf die Realitäten der Arbeit herunterzubrechen.

Zum Beispiel kann man ganz sachlich feststellen, daß es unterschiedliche Chronotypen gibt, verschiedene Zeit- und Arbeitsrhythmen von Autoren. Es gibt die Frühaufsteher unter den Schriftstellern, zu denen ich gehöre, und es gibt die Spätnachtsschreiber, die erst nach Mitternacht zu ihrer Hochform auflaufen: schreiben, wenn alle anderen längst schlafen, und ins Bett gehen, wenn unsereins schon wieder aufsteht – Schichtarbeiter des Geistes, die in einer gewissermaßen heinzelmännchenartig verschobenen Zeit aktiv sind.

Die meisten Autoren haben gewisse Marotten entwickelt im Hinblick auf ihre Ernährung. Es wäre sicherlich eine lohnende literaturwissenschaftliche Aufgabe, einmal eine Art Autorendiätetik aufzustellen, also herauszufinden, wie welche Autoren sich ernährt haben, und den Zusammenhang zwischen physiologischem und literarischem Stoffwechsel zu untersuchen. Ich bin sicher, die Eß- und Trinkgewohnheiten eines Autors, die tägliche Schreibtischdiät und die Veränderungen oder Verwerfungen des Speiseplans verraten so einiges über den Dichter und vielleicht auch über sein Werk. Wir alle kennen die Geschichte von Friedrich Schiller, der sich am Duft halb vertrockneter Äpfel berauscht hat, aber es gibt sicherlich noch mehr Eigentümlichkeiten zu entdecken. Wittgenstein zum Beispiel soll während der Arbeit an seinen »Philosophischen Untersuchungen« jeden Tag immer das gleiche, in identischer Menge gegessen haben, um möglichst jeden Tag derselbe zu sein. Der Komponist Erik Satie hat eine gewisse Zeit nur weiße Speisen gegessen, im Glauben, dadurch das Schwarze, Dunkle, Lähmende aus seiner Seele verbannen zu können. Die Liste der künstlerischen Ernährungsabstrusitäten ließe sich endlos fortsetzen.

Bei der täglichen Autorendiät ist sicherlich viel Aberglaube im Spiel. Doch es gibt natürlich auch so etwas wie die knallharte Erfahrung im Schreiballtag. Jeder Schriftsteller findet heraus, was gut für ihn ist – ist er ein Kaffeetrinker oder ein Teetrinker, trinkt er grünen Tee, trinkt er den Kaffee schwarz, wann, wieviel Tassen und so weiter. Das sind Fragen, die auf den ersten Blick vielleicht banal erscheinen, aber die meisten Schriftsteller experimentieren lange mit sich herum, um herauszufinden, was das ideale »Autorendoping« ist, denn letztlich geht es darum, am Schreibtisch das Maximum aus sich herauszuholen, und dafür entwickelt jeder Autor seine persönliche Technik im Kampf mit der eigenen Biokurve, seinen Tagesformschwankungen und dem fallenden Blutzuckerspiegel.

Um der Anschaulichkeit halber ein bißchen aus dem Nähkästchen zu plaudern: Meine wichtigste diätetische Erkenntnis ist, daß sich Verdauen und Formulieren ausschließen. Diese Erkenntnis ist nicht neu, das wußten schon die alten Römer. Das lateinische Studentenverschen *plenus venter non studet libenter* trifft unbedingt auf mich zu – voller Bauch studiert nicht gern. Was zur Folge hat, daß ich in schwierigen Schreibphasen den ganzen Tag über gar nicht esse, sondern eigentlich immer nur spätnachts, und dann sofort einschlafe. Ich will das niemandem empfehlen, aber manchmal geht es nicht anders.

Und dann natürlich die Gretchen-Frage, die sich jeder Autor stellen lassen muß: Wie hältst du's mit dem Alkohol? Hier kommt das Rauschprinzip wieder ins Spiel. Denn unter Autoren wie Lesern ist die Vorstellung weit verbreitet, daß der wahre, der große Dichter immer auch ein großer Trinker sein muß. Das hören die Sportler unter den Autoren natürlich überhaupt nicht gerne, denn jeder weiß, daß es nach anderthalb Flaschen Wein höllisch schwer ist, am nächsten Morgen die Joggingschuhe anzuziehen.

Tatsächlich waren Autoren wie Goethe bekanntermaßen große, schwere Trinker, und ich habe im Literaturbetrieb und im Theater eine Reihe von Kollegen kennengelernt, die ihre Trinkerei mit ihrem Künstlertum legitimiert haben oder meinten, Alkohol für ihre Arbeit zu brauchen. Einige, wie gesagt, tarnen ihren Alkoholismus mit Künstlerallüren. Aber es sind ohne Frage außergewöhnliche Künstler darunter. Allerdings ist mein Eindruck, daß diese Menschen produktiv sind und großartige Sachen schreiben, spielen oder inszenieren, nicht *weil* sie trinken, sondern *obwohl* sie trinken.

Das Rauschprinzip hat eben auch eine brutal zerstörerische Seite, und gerade, wenn man seine Arbeit abhängig macht von einem Rauschmittel wie Alkohol oder Drogen anderer Art, ist das der Beginn einer existentiellen Abhängigkeit, die sich auf die Formel bringen läßt: Ohne Alkohol kann ich nicht schreiben, spielen, inszenieren … Abhängiger kann man als Künstler von nichts und niemandem sein.

Mit der Zeit kommt die zerstörerische Seite immer mehr zum Tragen. Inzwischen arbeite ich seit zwanzig Jahren am Theater. Und es ist sehr schmerzlich und deprimierend mit anzusehen, wie viele gute, hochbegabte Leute auf Dauer am Rauschprinzip, an ihrer Sucht kaputtgehen. Wenn man diese Zerstörten einmal versammeln und ihr Elend dokumentieren würde, dann wäre vermutlich Schluß mit dem »Große Dichter sind große Trinker«-Gefasel und dem Aberglauben, daß der Geist des Weines gleichsam in den Geist der Literatur hinüber diffundiert. Auf lange Sicht zeigt sich, daß Alkohol keine produktive, sondern eine destruktive Wirkung hat und sowohl den Geist als auch den Körper zerstört. In dieser Hinsicht unterscheiden sich »Genies« keineswegs von anderen Menschen.

Trotzdem hält sich die Vorstellung vom rotweinseligen Rausch des Produzierens hartnäckig, und ich möchte ihr etwas entgegensetzen, das vielleicht so etwas wie eine Enttäuschung ist, in jedem Fall aber eine Ernüchterung: Die Wahrheit über literarische Produktivität lautet, es ist schlicht und ergreifend Arbeit.

Es gibt keinen Roman, der in einem Rausch geschrieben ist, jedenfalls keinen ernstzunehmenden. Jeder Roman ist Arbeit, harte Arbeit.

Natürlich will ich nicht bestreiten, daß es in der Arbeit rauschhafte Momente gibt – zum Glück gibt es sie! Manchmal läuft's, manchmal gelingt einem in einer Stunde, wofür man normalerweise Tage braucht, Knoten platzen, Blockaden lösen sich, Erschöpfungszustände fallen von einem ab und man bekommt noch einmal eine »zweite Luft«. Ich habe auch nichts dagegen, solche Phasen als »Schaffensrausch« zu beschreiben – und bei dem einen oder anderen mag ein solcher Schreibrausch mit einem alkoholischen einhergehen oder dadurch ausgelöst werden. Aber selbst wenn man im volltrunkenen Zustand mehrere Kapitel verfaßt – es wird der Tag kommen, an dem man wieder nüchtern ist und sich das Geschriebene vornimmt, es hinterfragt und umschreibt. Sätze bilden, Seiten füllen ist nur ein Teil der schriftstellerischen Arbeit, ein ebenso wichtiger, wesentlicher Teil besteht darin, sich im Schreiben zu prüfen: Stimmt der Satz? Ist das der optimale Ausdruck dessen, was ich sagen will? Hat die Passage den richtigen Rhythmus? Ist sie notwendig oder redundant? Fügt sie sich gut in die Gesamtgeschichte ein? Ein Autor muß am Schreibtisch unentwegt Entscheidungen treffen, er erwägt Varianten, alternative Formulierungen, Zusätze oder Striche und entscheidet sich dann möglichst für die beste, stimmigste Version. Ich nenne diesen Teil der Arbeit immer die Optiker-Sitzung – jeder Brillenträger kennt das –, man sieht sich die verschiedenen Sätze und ihre Varianten an und fragt sich: »So besser oder eher so? Jetzt schärfer? Oder verschwommen? Klar oder unklar?« – Und die Entscheidung, was besser, schärfer, klarer ist, trifft man am besten bei nüchternem Verstand.

Und noch etwas, ausnahmsweise etwas Tröstendes: Ob jemand Schriftsteller ist oder nicht, ob er diesen Beruf auf Dauer ausüben kann, zeigt sich nicht, wenn es läuft. Im »Schaffensrausch«, in der Euphorie kann jeder schreiben. Schriftsteller ist man erst dann, wenn man in der Lage ist weiterzuarbeiten, wenn es nicht läuft. Nicht die guten Tage machen einen zum Schriftsteller, sondern die Erfahrung der schlechten Tage, wenn die Schwierigkeiten sich hoch auftürmen. Und natürlich kann man dann in die nächste Bar gehen und sich vollaufen lassen in der Hoffnung, daß einen die Lösung des Problems schon irgendwie anfliegt. Man kann sich aber auch hinsetzen, das Problem analysieren und feststellen, woran es liegt. So unangenehm, so desillusionierend das manchmal auch sein mag, eine solche »Stunde der Wahrheit« gehört elementar zum Arbeitsprozeß. Man kommt nicht darum herum. Ich kann aus eigener Erfahrung nur sagen, daß die genaue Untersuchung dessen, was gerade falschläuft, das Sich-Klarmachen und Verstehen einer Schwierigkeit der erste und wichtigste Schritt zur Lösung ist. Und je nüchterner, präziser und schonungsloser die Diagnose, desto größer die Wahrscheinlichkeit, daß sich die Schwierigkeit beheben und aus der Not unter Umständen sogar eine Tugend machen läßt. Wenn man weiß, woran es liegt, wird man auch früher oder später eine Lösung finden, und sei es auch nur, daß man etliche Seiten zurückgeht bis zu dem Punkt, wo es noch gestimmt hat, und von dort aus eine andere Abzweigung in der Erzählung nimmt.

Im übrigen – so schreibmasochistisch das auch klingen mag –, wenn man einmal davon absieht, daß diese schlechten Tage von Ängsten des Scheiterns und Versagens geprägt sind und die rote Warnlampe der Krise unablässig über einem blinkt, sind die meisten Schwierigkeiten und Probleme sogar interessant. Durch die Untersuchung seiner Problemstellen erfährt man jedenfalls mehr über den eigenen Text und über sich als Autor, als wenn man sich selber immerzu für seine gelungenen Formulierungen feiert. Auch wenn das bedeutet, mit der bitteren Wahrheit zu leben, daß man eben kein Genie ist, dem alles handstreichartig gelingt, sondern sich seine Texte im Schweiße seines Angesichts erarbeiten muß.

Deswegen noch einmal: Ja, es ist anstrengend, es ist frustrierend, es ist mitunter unsagbar mühsam, aber es gibt keinen Roman ohne Arbeit. Und jedes »Making-Of«, jede Entstehungsgeschichte, die von Romanen im Rock'n'Roll-Verfahren erzählt und Geniestreichen von Zauberhand, gehört in den Bereich der Mythen und Märchen, die darüber hinwegtäuschen, daß Schreiben harte Arbeit ist und eine Routine sowie ein hohes Maß an Disziplin erfordert.

Ich bin wirklich der letzte, der die Sehnsucht nicht kennt und versteht, das Schreiben möge einem leicht, glatt und genialisch von der Hand gehen, ohne den Widerstand der Wirklichkeit, ohne die Härten des Realitätsprinzips. Aber es ist eine Illusion, ein Traum von Leichtigkeit und Größe, der heutzutage heruntergebrochen wird auf Veranstaltungen wie »Deutschland sucht den Superstar«, die dem Zuschauer suggerieren, man könne gleichsam mühelos und mit verhältnismäßig wenig Anstrengung zum Star werden. Das ist sogar im Showgeschäft falsch. Wer sich an den Schreibtisch setzt mit der Erwartung, sich selbst als Supergenie zu entdecken, wird zwangsläufig scheitern. Das »Genie« gibt es nicht. Und wenn doch, dann ist es längst nicht das, wovon wir träumen.

Jeder Roman entsteht innerhalb des Realitätsprinzips. Das ist eigentlich eine Selbstverständlichkeit. Und es ist erschreckend, wie sehr man diese simple Erkenntnis immer wieder gegen Verbrämungen und Mythisierungen verteidigen muß – teilweise sogar gegen die eigenen. Ich will aber auch nicht der umgekehrten Übertreibung Vorschub leisten und das Schreiben eines Romans verteufeln als ein unentwegtes Martyrium, eine einzige Passionsgeschichte. Schreiben ist kein Spaß – wie alles, was man ernst und wichtig nimmt. Und insofern kann man Thomas Mann durchaus recht geben, der in das Goldene Buch der Stadt Venedig schrieb: »Ein Schriftsteller ist ein Mann, dem das Schreiben schwerer fällt als anderen Leuten.« Aber es ist auch nicht Fluch und Verdammnis. Es geht weder mit göttlichen noch teuflischen Dingen zu, es ist einfach Arbeit, und als solche kann es lustvoll oder quälend sein, flüssig oder zäh vonstatten gehen, es bleibt in erster Linie Arbeit, nichts anderes.

Die Frage, vor der ein Autor in Wirklichkeit steht, lautet also nicht: Wie genial bin ich heute? Sondern: Wie organisiere ich meinen Arbeitsalltag? Und hier kommt der Sport wieder ins Spiel – nicht als Teil einer Dichterselbststilisierung, sondern als Produktivitätsfaktor.

Ich möchte mit dem Bild des reinen Geistesmenschen aufräumen, indem ich – weitgehend aus eigener Erfahrung – beschreibe, daß kein Autor an seinem Körper vorbeikommt. Schreiben ist in nicht zu unterschätzendem Maße auch eine körperliche Arbeit und die Kondition, die man dazu braucht, wird durch Sport eher gestärkt und gefördert. Anders als noch zu Schulzeiten schließen sich Literatur und Sport eben nicht aus. Das klingt zwar ein bißchen wie »gesunder Geist in gesundem Körper«, ein Motto, das für mich durch das humanistische Gymnasium, durch Turnvater Jahn und die Wandervogelbewegung ein für alle Mal diskreditiert ist, aber von diesem ideologischen Unwohlsein einmal abgesehen, steht für mich der Sport im Arbeitsalltag nicht im Widerspruch zum Schreiben, sondern ermöglicht es erst und immer wieder.

Ich erinnere mich noch sehr gut an einen meiner Philosophieprofessoren in Schottland, dem ich eines schönen Regentages auf einsamer Piste beim Joggen begegnete. Er sagte, er laufe zwar gelegentlich, um seine Depressionen in den Griff zu bekommen, und es gehe ihm danach auch jedesmal besser, aber er empfinde es immer als etwas Unwahres, seine Befindlichkeit dadurch zu manipulieren und sich mittels sportlicher Betätigung von allen schlechten Gefühlen zu reinigen. Damals wußte ich nicht, was ich ihm entgegnen sollte, und trabte stumm an seiner Seite zum College zurück. Mittlerweile hätte ich eine Antwort, auch wenn sie nur lautet: »So einfach ist das nicht.« Es stimmt zwar, daß eine gewisse körperliche Fitneß, oder besser, eine stabile Kondition hilft, eine labile oder instabile geistige Verfassung auszubalancieren oder zumindest auszuhalten. Aber ich mißtraue inzwischen sehr der Lagerbildung von einst, dem alten Dualismus von Geist und Körper, der da sagt: Hier sind die Sportskanonen, die sich sozusagen einer unausgesetzten Gehirnwäsche unterziehen und auf den Glückswolken ihren körpereigenen Morphine schweben, so daß sie nicht auf dumme Gedanken kommen, sondern auf gar keine; und dort sind die wahren Lastenträger des Geistes, die sich den Abgründen und der Tiefe ihrer Depressionen stellen, die Märtyrer des Stillsitzens, die Pfahlhocker am Schreibtisch.

Ich habe bei der Recherche für meinen Roman »Ego« unter Extremsportlern eine ganze Reihe von Menschen kennengelernt, auf die das Motto »gesunder Geist in gesundem Körper« nicht im mindesten zutrifft. Es waren teilweise hoch gefährdete Charaktere mit ungeheuerlichen Geschichten, die sich nicht in den Sport flüchten, sondern dem Extremen immer wieder stellen. Sie laufen nicht weg vor ihren Ängsten, sondern geradewegs auf sie zu, in sie hinein. Und diese Leute hatten mitunter mehr zu erzählen als so manche bequem vor sich hinseufzende literarische Sofamade. Was ich damit sagen will: Ob Sport Flucht ist oder mentales Abenteuer, Gehirnwäsche oder Gedankenkatalysator, emotionale Verdrängung oder leidenschaftliche Suche, das hängt nicht vom Sport ab, sondern vom Sportler – genauso wie das Zuhausebleiben, das Nichtsporttreiben feige und faul sein kann oder auch der mutige Versuch, sich einem Problem zu stellen.

Aber zurück zum Schriftstelleralltag: Ich gebe zu, ich benutze den Sport inzwischen vor allem als Zurüstung zum Schreibprozeß. Natürlich genieße ich meine Schwimmausflüge, manchmal liefere ich mir auch den einen oder anderen Kampf oder Wettkampf mit dem Wasser, aber selbst wenn das Schwimmen und Laufen für mich ganz Verschiedenes sein kann – Meditation, Zusich-Kommen, Befreiung, Abenteuer, Grenzerfahrung oder einfach nur Pause –, es dient in erster Linie dem Schreiben. Wenn es mich daran hindern oder auch nur beim Schreiben behindern würde, würde ich es lassen oder zumindest empfindlich einschränken. Doch diese Frage stellt sich zum Glück nicht, denn – ich schwöre! – es hilft.

Das ist keine exklusiv schriftstellerische Erfahrung: Man

kommt abends nach einem anstrengenden Tag im Büro nach Hause und denkt, ich bin müde, erschöpft, das war's für heute. Tatsächlich ist aber nur der Kopf müde, nicht der Körper – und mit etwas Bewegung, mit Sport ist der Körper in der Lage, ihn wieder zu wecken. Das, was unter Umständen ein kurzer Mittagsschlaf oder Sekundenschlaf leistet, nämlich den Kopf wieder zu erfrischen und frei zu bekommen, das kann man mit Sport allemal erreichen. Und solche Beispiele gäbe es viele.

Sinn und Zweck dieser Übungen ist es letztlich, besser arbeiten zu können, oder – um im Jargon der Leistungssportler zu sprechen –, alles aus sich herauszuholen. Wenn ich damit das Leistungsprinzip anspreche, ist das natürlich extrem uncharmant, aber es handelt sich um einen ganz wesentlichen Punkt: Alle Autoren, die ich kenne, sind sehr darauf bedacht, mit einer gewissen inneren und äußeren Ökonomie zu arbeiten. Und diese Ökonomie ist für die Arbeit an einem Roman unerläßlich. Denn Romane, man kann es nicht oft genug sagen, werden nicht im Rausch, sondern in der Realität geschrieben. Sie beanspruchen nicht nur Unmengen von Lebenszeit, sie verschlingen ihren Autor, wenn er diese Aufgabe nicht strukturiert. Es ist also nicht nur klug, sondern bitter notwendig, planvoll an diese weiten, unüberschaubaren Arbeitsfelder heranzugehen und sie sich einzuteilen.

Ein Roman ist Arbeit, und zu jeder Arbeit gehört ein hohes Maß an Ordnung und Disziplin. Darin unterscheiden sich all die Autoren, die sich vorher als Genies oder als die großen Kranken gebärdet haben, nicht von den trainingsplangeschulten Sportlerautoren. Thomas Mann hatte seine festen Schreibzeiten, er hat sich morgens zu einer ganz bestimmten Zeit hingesetzt und geschrieben, dann Mittag gegessen, seine Post gemacht und so weiter – es gab also ganz klare Stundenpläne. Er, der große Lazarus der Literatur, hat mit der Regelmäßigkeit eines Buchhalters im Comptoir am Schreibtisch gesessen. Es war das bürgerliche Korsett dieser Arbeitsgewohnheiten, das sein Leben als Schriftsteller zusammengehalten und die langen Wege seiner Romane in Etappen unterteilt hat.

Diese Bürgerlichkeit oder auch Ordentlichkeit hat man Thomas Mann oft vorgeworfen, zu Unrecht, wie ich finde. Natürlich stehen die Arbeitsgewohnheiten eines Autors, der nach dem Muster des hanseatischen Kaufmanns lebt und produziert, in krassem Widerspruch zu allen Vorstellungen von Genie und Inspiration. Die Ressentiments, die sich Thomas Mann dadurch zugezogen hat, haben in meinen Augen aber noch einen tieferen Grund. Denn was das Beispiel der Mannschen Arbeitsökonomie enthüllt, ist die unliebsame Wahrheit, daß auch der Autor selbst ein ökonomisches Wesen ist. Er ist Chef und sein eigener Angestellter.

Auch dieser wirtschaftliche Aspekt ist Bestandteil des Realitätsprinzips und gar nicht uninteressant. Selbst wenn es der Utopie vom Dichter als der anderen, außergesellschaftlichen Lebensform zuwiderläuft, muß man es einmal so nüchtern aussprechen: Jeder Autor ist sein eigener Arbeitgeber. Und zwar im buchstäblichsten Sinn. Der Autor *hat* keine Arbeit, er *gibt* sie sich. Er setzt sich Ziele, stellt sich Aufgaben, kein anderer zwingt ihn dazu, und er muß diese Aufgaben erfüllen, diese Arbeit leisten.

Interessant daran sind die Auswirkungen auf das Verhältnis des Autors zu sich selbst. Er gibt sich Arbeit, also empfängt er sie auch. Er ist Arbeitgeber und Arbeitnehmer in einer Person. Diese scheinbar unentfremdete und selbstbestimmte Form der Arbeit ist aber auch ein riesiges Problem, weil der Autor gleichzeitig Täter und Opfer ist. Er ist das Opfer der eigenen Arbeitsauferlegung und zugleich der Antreiber, der immer wieder sagt: »Ja, also eine Weile mußt du dich noch ranhalten, bevor du Feierabend machen darfst!«

Viele halten es für den Inbegriff von Freiheit, sagen zu können: »Ich bin mein eigener Chef.« Tatsächlich aber – und beinahe jeder im ökonomischen Sinne Selbständige wird das bestätigen – bedeutet das mitnichten, daß man blaumachen kann, wann man will. Es heißt vielmehr, man hat die Verantwortung für sich und seine Arbeit, ungeteilt, zu hundert Prozent, und kann sie nicht an irgendeinen Vorgesetzten oder sonstige Buhmänner delegieren. Es ist eben nur die halbe Wahrheit, daß man sein eigener Herr ist, man ist auch sein eigener Knecht, und dieses spannungsgeladene Selbstverhältnis treibt mitunter seine Blüten. Am besten kann man es vielleicht so beschreiben, daß sich gewissermaßen Instanzen ausbilden. In der Instanzen-Psychologie ist diesbezüglich vom »Über-Ich« die Rede als der verinnerlichten erzieherischen Autorität, die einen zur Einhaltung der Ordnung, der Stundenpläne und so weiter mahnt. Dieses Über-Ich hadert und kämpft unentwegt mit dem – man möchte fast sagen – »Unter-Ich« oder, laxer ausgedrückt, dem inneren Schweinehund, der sich immer wieder vor der Arbeit drücken will und nach Ausflüchten oder Ablenkungen sucht: »Ach, ich könnte doch jetzt kurz 'n Kaffee trinken … oder lieber gleich einen Sekt?« Und das Über-Ich sagt: »Nein, kommt überhaupt nicht in Frage, du schreibst erst noch zehn Sätze!«

Jeder Autor hat seinen eigenen Führungsstil im Umgang mit sich selbst. Bei Jack London zum Beispiel gibt es das berühmte Pensum, das er sich auferlegt hat: tausend Wörter pro Tag. Ohne diese tausend Wörter durfte er nicht aus dem Haus und vor allem nicht ins Wasser – er war ein leidenschaftlicher Schwimmer. Manchmal hat er für diese tausend Wörter bis spät in die Nacht am Schreibtisch gesessen, aber vorher hat er sich nicht freigegeben. Das war also der Arbeitgeber, der wie ein Lehrer im Deutschunterricht immer kontrollliert hat: »Hast du auch brav deine tausend Worte geschrieben? Ehe du deine tausend Worte nicht geschrieben hast, darfst du nicht raus auf den Schulhof!« Und das bei einem der Abenteuerschriftsteller schlechthin! Wenn man einmal genauer hinschaut, stellt sich allen Selbststilisierungen zum Trotz heraus, daß selbst die exzentrischsten Autoren nach der Schnur des Realitätsprinzips gearbeitet haben.

Selbstverständlich wird die Verantwortung für das eigene Leben und Schreiben von Autor zu Autor ganz unterschiedlich aufgefaßt. Es gibt da eine beträchtliche Bandbreite, angefangen von Schriftstellern, die eher locker mit sich und ihren Fähigkeiten umgehen und sich phasenweise immer wieder gehenlassen, und solchen, die sich lebenslang am Riemen reißen und die Zügel permanent straff halten. In einem Gedicht über sich selbst hat Goethe das einmal so formuliert: »Vom Vater hab ich die Statur / Des Lebens ernstes Führen / Vom Mütterchen die Frohnatur / Die Lust zu fabulieren.« Auch Goethe spricht von zwei gegenläufigen Prinzipen. Er nennt sie nur nicht Realität und Rausch oder das Apollinische und das Dionysische, sondern umschreibt sie als den männlichen Ernst der Lebensführung und die weiblich-musische Fabulierlust. Interessant daran ist, daß gerade der »Dichterfürst«, das Groß-Genie par excellence von väterlicher Disziplin und Strenge spricht. Der Begriff der Lebensführung ist dabei sehr aufschlußreich, denn er steht im Gegensatz zu den Vorstellungen des rauschhaften Dahintreibens und Sich-Gehenlassens. Nach den landläufigen Vorstellungen »passiert« dem Genie als Medium seine Genialität, sie wird ihm per Inspiration und höherer Gewalt eingegeben. Wer aber sein Leben führt, der nimmt sein Schicksal in die eigene Hand, übernimmt die Verantwortung für sich und seine Fähigkeiten und organisiert sie als Subjekt des eigenen Arbeitsprozesses und nicht als einer, der hingestreckt auf dem Diwan liegt und darauf wartet, daß »es« ihn überkommt.

Wenn sich nun am Horizont das Bild des strebsamen, unermüdlichen Arbeiter-Autors abzeichnet, der sich nichts gönnt, sondern in ewiger puritanischer Verzichtsleistung nur fürs Schreiben lebt und sonst gar nichts, dann ist das durchaus nicht das Gegenbild zum Genie, das ich entwerfen möchte. Autoren sind Schreibtischtäter, Schreibtischabenteurer, aber eben nicht nur. Meiner persönlichen Erfahrung nach muß ein Autor sich klar darüber werden, wie er am besten arbeiten kann. Und er wird seinen Alltag entsprechend einrichten. Es ist Teil seiner Selbstverantwortung, einen Rahmen zu schaffen, in dem er sich mit seinen Fähigkeiten entfalten kann. Aber die Struktur, die er sich gibt, darf nicht zu Lähmung oder Stillstand führen. Sie darf nicht zum ganz und gar freudlosen Dogma erstarren. Auch das gehört zur Lebens- oder Überlebensintelligenz des Autors: Er muß das Prinzip, nach dem er arbeitet, auch übertreten, verletzen oder verlassen dürfen – oder es eben nicht dürfen und trotzdem tun.

Auch diese Erfahrung ist keine exklusiv schriftstellerische. Autoren brauchen Ferien wie jeder arbeitende Mensch, Autoren – wenn sie nicht auf kurz oder lang ausbrennen wollen – brauchen ein Außerhalb des Arbeitsprozesses, einen gelegentlichen Wechsel der Routine, eine karnevalistische Störung, Ausnahme und Erneuerung, von der aus sie zu ihrer Arbeit zurückkehren. Manche brauchen diesen Prinzipienkarneval häufiger, andere seltener, aber daß es ein Leben außerhalb des Schreibens geben muß, damit das Schreiben leben kann, heißt eben nicht, daß Schreiben keine Arbeit ist, umgekehrt: Gerade weil das Schreiben Arbeit ist, braucht es dieses andere. Im übrigen kann ich für mich persönlich nur feststellen, daß diese Ausflüge und Übertretungen zwar rauschhaft, verrückt oder erschütternd sein können, letztlich jedoch kehrt man immer wieder zu einem ähnlichen Rhythmus oder Ablauf von Arbeit zurück, in meinem Fall zum Frühaufstehertum. Am Ende ist es offenbar doch eine Frage der Arbeitsdisposition oder des Naturells, wie man seinen Schreiballtag gestaltet. Und darüber rede ich: über die Arbeit des Schriftstellers, die – weil sie wenig spektakulär und erzählenswert oder auch bis zur Entzauberung langweilig ist – gerne vergessen wird. Ich rede nicht über die Übertretungen, das tun die Kollegen weidlich selbst.

Keine Regel ohne Ausnahme, das gilt für die Struktur, die ein Autor seinem Alltag gibt. Gerade in der Abwechslung, in der Störung oder der unwillkommenen Veränderung spürt man sehr deutlich, welche Bedingungen und Voraussetzungen die eigene Arbeit braucht – und will! Die Kunst der Lebensführung eines Autors besteht im wesentlichen darin, ein Gespür für die Erfordernisse der eigenen Arbeit, für seine schriftstellerischen Interessen zu entwickeln, das heißt auch, den richtigen Zeitpunkt zu erkennen, wann eine Veränderung not tut, wann die Prinzipien, die man selber aufgestellt hat, über den Haufen geworfen werden müssen. Es gibt aber eine Maxime, die genau das beschreibt und die ich ausnahmslos zu befolgen versuche. Sie lautet: »Bringe dich immer wieder in eine produktive Situation, und versuche, das Produktive an den Situationen zu sehen, in die du durch das Leben gebracht wirst!« In dieser Hinsicht schließen sich Leben und Schreiben übrigens keineswegs aus. Die produktivsten Situationen sind meist die vitalsten.

Wir waren bei der Ausgestaltung der Verantwortung des Autors für sich selbst. Gerade beim Sportler-Autor nimmt diese Eigenverantwortlichkeit spezielle Züge an. Er wird sozusagen zu seinem eigenen Coach. Wer in seiner Jugend viel trainiert hat, der besitzt dieses leistungssportliche Referenzsystem und wird sich streckenweise selber so führen, wie er von seinem Trainer damals geführt wurde – sein Über-Ich hat gleichsam eine Trillerpfeife um den Hals. Beim Schreiben ertappe ich mich oft dabei, daß ich mir wie mein eigener Trainer zurede, mich anfeuere und zuweilen auch beschimpfe – genauso wie ich umgekehrt mein eigenes Trainingsobjekt bin mit all den Ausweichmanövern, vorgeschützten Müdigkeiten und Verzögerungstaktiken von einst. Ich mag diesen Coach in mir nicht besonders, aber ich muß ihm mitunter recht geben: Man kann Schreiben, insbesondere das Ausdauerschreiben eines Romans, trainieren.

Wenn ich zum Beispiel mit einem Roman fertig bin, dann ist mein größter Wunsch, vom Schreibtisch aufzustehen und die nächsten Wochen und Monate möglichst nicht dorthin zurückzukehren. Aber der Coach sagt: Halt! Es ist gefährlich, die Finger ganz vom Schreiben zu lassen. Den berühmten »Schreiburlaub« zu machen und drei Monate lang überhaupt keinen Stift anzufassen, ist zwar ein wunderschöner Traum, es führt aber dazu, daß nach diesen drei Monaten die Angst vor dem leeren Blatt Papier noch größer wird. Deswegen schlägt der Coach vor, das Training vielleicht etwas herunterzufahren und das Pensum dann zu gegebener Zeit wieder zu erhöhen. Vielleicht variiert man ein bißchen, schreibt hier eine Glosse, dort einen Artikel, oder ganz einfach nur so für die Schublade, aber man läßt es eben nicht ganz, und falls man partout nicht weiterschreiben will, dann sollte man vorher zumindest vernünftig abtrainieren, nur bloß nicht von heute auf morgen aufhören, sonst wird man krank, meint der Trainer. Und leider, leider stimmt das so ziemlich. Wenigstens in meinem Fall.

Es gibt noch andere mentale Strategien, in denen sich dieses

Selbst-Coaching des Autors manifestiert. Psychologie spielt im Sport bekanntlich eine große Rolle – man sagt ja so schön: Die Spiele werden im Kopf entschieden. Auch Romane werden im Kopf entschieden. Das ist vielleicht weniger überraschend, aber die Art und Weise, wie man sozusagen seinen Kopf coacht, ist bemerkenswert. Die moderne Verhaltensforschung und Psychologie hat als eine mentale Strategie das sogenannte »Mood-Management« ausgemacht, also eine Selbstmanipulation von Stimmungen. Sie kommen und gehen nicht einfach nur so, man versetzt sich oft gezielt in sie hinein, manchmal mit äußeren Hilfsmitteln wie Musik, Bildern, Lektüre, Räucherstäbchen, manchmal autogen durch mentale Techniken und Selbstbeschwörungen. Mood-Management bedeutet auch, daß man gewisse Dinge nicht an sich heranläßt, man sorgt dafür, daß Dinge, die der eigenen Produktivität schaden können, nicht bis zu einem vordringen. Dazu als sinnfälligstes Beispiel der Umgang mit Kritiken: Rezensionen zu lesen ist in der Regel ein Produktivitätskiller, weil man sich in einer Weise angegriffen oder auch nur beschrieben fühlt, die einem die Lust oder Motivation zum Weiterarbeiten augenblicklich nimmt. Zurück bleibt nur ein Gefühl der Ohnmacht, und zwar nicht nur bei Verrissen – Lob aus den falschen Gründen ist mindestens genauso schlimm. Und diese Ohnmachtsgefühle sind keine gute Voraussetzung zum Schreiben. Im übrigen schotten sich auch Sportler vor großen Wettkämpfen oder wichtigen Spielen weitgehend von der Öffentlichkeit ab, um nicht von der Berichterstattung abgelenkt zu werden. Denn leider ist es so mit den Sätzen, die man über sich liest oder hört: Wenn man sie einmal zur Kenntnis nimmt, kann man sich nicht nicht dazu verhalten. Es beeinflußt und beeinträchtigt die Konzentration. Besser fährt man mit der Scheuklappen-Taktik.

Es gibt noch andere mentale Strategien und Denkmuster des Sports, die helfen, den Lähmungen der schlechten Laune oder der Demotivation zu entkommen. Zum Beispiel das Motto: »Nach dem Spiel ist vor dem Spiel«. Das bedeutet, daß man nie zurückschaut, sondern immer nach vorn: Egal, wie schwer die Schlacht am Schreibtisch gestern gewesen ist, wie niederschmetternd oder auch erfolgreich – was gilt, ist das Heute, was gilt, ist das Jetzt. Man fängt immer wieder neu an und konzentriert sich voll auf den nächsten Schritt.

Daß sich so viele mentale Strategien vom Sport auf das Schreiben übertragen lassen, hat einen simplen Grund: Der Leistungssportler ordnet wie der Autor letztlich alles in seinem Leben einem einzigen Ziel unter. Wenn man einen Roman schreibt, kann man ihn nur vollenden, indem man sich sagt: Ich stelle mich ganz in den Dienst dieser Sache. Ich richte alles – meine Ernährung, meine Schlafgewohnheiten, meine Zeiteinteilung, mein soziales Leben – auf dieses eine Ziel aus und unterlasse alles, was das Erreichen dieses Ziels behindert oder gefährdet, kurzum, ich ordne alles dem Ziel, diesen Roman zu schreiben, unter. Und genauso schwört sich der Leistungssportler ein. Er muß deswegen nicht aufhören zu leben, aber er muß sein Leben, seinen Alltag so organisieren, daß er die optimalen Bedingungen dafür schafft, die hundert Meter in noch kürzerer Zeit zu laufen oder die zehn Kilometer noch schneller zu schwimmen. In dieser Art der absoluten Prioritätensetzung sind Sport und Literatur einander verwandt. Insofern komme ich jetzt von den Gegensätzen, mit denen ich begonnen habe, zu den Analogien des Sports.

Es gibt durchaus sehr auffällige Parallelen. Jeder Roman hat eine geradezu erschreckende Ähnlichkeit mit einem Marathon. Im einen Fall ist es das Ausdauer-*Laufen*, im anderen das Ausdauer-*Sitzen*, und man wird bei diesem Sitz-Marathon nur Erfolg haben, wenn man sich die Strecke eines Romans richtig einteilt – genau wie ein Marathonläufer.

Zur Veranschaulichung einige mentale Techniken des Marathonläufers. Man darf sich auf den ersten Metern nie vor Augen halten: »Ich muß noch zweiundvierzig Kilometer laufen!« Das wäre fatal. Vielmehr muß man denken: »Jetzt ist es schön. Jetzt macht's Spaß. Ich freu mich!« Man muß diese lange, fast übermenschliche Strecke in Etappen zerlegen und einen Schritt nach dem anderen tun. Man sieht den nächsten Streckenposten mit Bananen und Trinkwasser und denkt: »Ach, es ist grad schön, ich laufe mal bis zum nächsten Streckenposten.« Man läuft bis zum nächsten Streckenposten und sagt sich: »Ist ja immer noch schön, ich lauf noch 'n bißchen weiter.« Man wird müde bei Kilometer zwanzig, man gerät in ein konditionelles Loch und denkt: »Aber die Landschaft ist doch eigentlich ganz schön!« Man schaut sich die Häuser an, man schaut sich die Gärten an und denkt: »Ach ja, das Wetter …« Man versucht, sich immer wieder von der Tatsache abzulenken, daß man noch diese elendig lange, gnadenlose Strecke vor sich hat. Und genauso funktioniert die Autosuggestion oder mentale Auflockerung beim Schreiben. Wenn man morgens vier Stunden an einem einzigen Satz herumgewerkelt hat, darf man nicht denken: »Es liegen noch mindestens dreihundert Seiten mit jeweils dreißig solcher Sätze vor mir, das sind 9000 Sätze mal vier Stunden, also 36000 Stunden Leiden!« Und wenn es am Ende 40000 Stunden werden sollten, ist das dennoch zu schaffen, sofern man eben nicht in den Dimensionen der Überforderung denkt, sondern diese Aufgaben gleichsam kleinkriegt durch eine Unterteilung nach menschlichem Maß, durch eine Politik der kleinen Schritte.

Jeder Roman, jeder Marathon ist eine Meisterleistung der Autosuggestion, ein ausgeklügeltes Zusammenspiel von tatsächlichen Fähigkeiten und mentalen Techniken, die dazu dienen, das diesem Menschen Mögliche, sein »Potential«, wie es im Sport heißt, »abzurufen«.

Ich habe bisher unermüdlich und in hoffentlich ernüchternder Weise von der Tatsache gesprochen, daß ein Roman Arbeit ist und dem Realitätsprinzip unterliegt, aber ich gebe unumwunden zu, daß ein gewisses Maß an Illusionsbildung zum Arbeitsprozeß dazugehört. Das beginnt schon mit der großen, anmaßenden und eigentlich völlig haltlosen Illusion, daß man sich an den Schreibtisch setzt und behauptet, man hätte etwas Wichtiges zu sagen, das so noch nicht gesagt worden sei. Wer schreiben will, der prüfe diese Illusion nicht näher! Ein gewisses Maß an Selbstüberlistung und Manipulation oder – sagen wir besser – Autosuggestion und »Coaching« ist unabdingbar, sonst ist man zu einer Leistung wie dem Schreiben eines Romans nicht fähig.

Noch ein Beispiel: Ich weiß nur zu gut, daß mir jeder Roman ein unüberschaubares Maß an Arbeit, an Konzentration und Zeit abverlangen wird, aber ich habe vor jedem Schreibmarathon sozusagen eine Beschwörungsphase, in der ich mir sage: »Diesmal wird es nicht so hart wie beim letzten Mal!« Die Erfahrung zeigt natürlich, daß es immer noch härter wird, spürbar härter als das Mal davor, es wird schon allein deshalb immer schwieriger, weil ich von Mal zu Mal mehr geschrieben habe und mich nicht wiederholen möchte, also nicht das schreiben darf, was ich schon kann. Trotzdem oder gerade deshalb sage ich mir am Anfang immer: »Nee nee, also das Thema jetzt, das ist für dich viel einfacher als alle anderen Themen, die du je angefaßt hast, dieser Stoff liegt dir viel mehr, diese Figuren sind dir viel näher, das wird nur so aus dir heraussprudeln.« Und ich versuche, mich davon zu überzeugen. Ich suggeriere es mir so lange, bis ich es wirklich glaube!

Obwohl ich also weiß, daß es Arbeit wird, harte Arbeit, rede ich mir ein, es wird Rausch sein. Und vielleicht ist auch das ein Grund für die Hartnäckigkeit der Genie-Utopie, daß sie zwar eine Illusion ist, aber eine notwendige.

Auf diese Traum- und Beschwörungsphase folgt dann die Realität der Schreibarbeit, die nur dann nicht zum Fiasko, zur völligen Desillusionierung führt, wenn man die große Strecke in kleine Einheiten zerlegt. Denn schon nach den ersten Seiten weiß man es nicht nur theoretisch, man spürt es auf schmerzlichste Weise, daß sich auch dieser Roman eben nicht in einem Rausch und Rutsch so dahinschreiben läßt, sondern daß ein zähes Stück Arbeit vor einem liegt. Und wieder hilft hier der Sport, der Marathon mit seinen mentalen Techniken: Man wird einen Roman nicht vollenden, wenn man ihn zu schnell angeht, wenn man sich zu früh verausgabt, wenn man nicht dafür sorgt, daß man am nächsten Tag, am übernächsten Tag, in der nächsten Woche und dem nächsten Monat noch schreiben kann. Man darf nicht »übersäuern«, sondern muß auf seine Kondition achten und diese nicht überstrapazieren, sonst geht bald gar nichts mehr. Was nützt es, wenn man nach einem Drittel des Romans einen Nervenzusammenbruch erleidet und nicht mehr kann, weil man zu wenig geschlafen, sich zu wenig bewegt oder sich völlig verbraucht hat. Es ist einfach so: Man muß sich die Strecke einteilen.

Es geht beim Marathon wie beim Romanschreiben um Grenzen, Grenzen der Belastbarkeit, des Leistbaren, Grenzen, die man verschieben, überschreiten, über die man hinauswachsen will. Schon allein deshalb finde ich das Thema Genie und Wahnsinn völlig uninteressant, denn eigentlich sind »Genie und Wahnsinn« gleichermaßen schon jenseits der Grenze. Interessant scheint mir vielmehr, daß diese Extreme, diese Wahnsinnsaufgaben mit der allergrößten Vernunft angegangen werden. Vielleicht ist das Ziel, einen Roman zu schreiben oder einen Marathon zu laufen, verrückt oder zumindest unvernünftig. Aber man wird dieses Ziel nur erreichen, wenn man diesen Wahnsinn mit Vernunft betreibt. Für einen Roman darf man eben nicht komplett verrückt sein, sondern nur so verrückt, ihn schreiben zu wollen, und wiederum so vernünftig, ihn schreiben zu können.

Die seltsamste Verbindung von Wahnsinn und Vernunft habe ich bei den Dreharbeiten zu dem Dokumentarfilm »Kanalschwimmer« von Jörg Adolph erlebt, zu denen ich als einer der wenigen schreibenden Schwimmer eingeladen war. Der Film geht der Besessenheit derer auf den Grund, die den Ärmelkanal von Dover nach Calais mit nichts als Badehose und Badekappe bezwingen wollen. Wer die kleine Gemeinde der Kanalschwimmer aufsucht, die sich Jahr für Jahr in den wenigen halbwegs warmen Sommerwochen auf die große Querung vorbereitet, der rechnet damit, einem Haufen Freaks zu begegnen, die bei maximal 14 Grad Celsius, dichtem Schiffsverkehr und mächtigen Strömungen um 4 Uhr morgens die legendäre Strecke von mehr als 33 Kilometer Wasserlinie in Angriff nehmen. Doch als ich das erste Mal nach Dover reiste, war ich überrascht – nicht von der Leidenschaftlichkeit oder Verrücktheit dieser Menschen, sondern von ihrer Ernsthaftigkeit, Sachlichkeit, ihrer Expertise. Natürlich drehten sich die Gespräche meist um ein einziges Thema – den Kanal –, natürlich war viel davon Fachsimpelei und davon wiederum einiges wie das Pfeifen im Dunkeln. Denn der Kanal macht angst. Aber jeder dieser Kanalschwimmer verfolgte seine Aufgabe mit der größten Vernunft und Klarheit, jeder arbeitete akribisch und ausdauernd an dem für ihn richtigen Weg. Über das Ziel kann man den Kopf schütteln und sich fragen, warum tun Menschen sich das an, das kalte Wasser, die nicht enden wollende Qual, die Gefahr – dasselbe könnte man auch einen Romanautor fragen. Die Beweggründe dafür liegen oft im existentiellen Dunkel, haben zu tun mit Lebenskrisen, Obsessionen oder der Unmöglichkeit, eine Herausforderung nicht anzunehmen. Den Ärmelkanal will man nicht durchschwimmen, man muß es, aus irgendeinem Grund, und aus genau demselben Grund, aus derselben inneren Notwendigkeit und Besessenheit werden Romane geschrieben. Aber Wahnsinn ist nur das Ziel, der Weg ist Methode.

Von dem Virus, den Ärmelkanal durchschwimmen zu wollen, bin ich zum Glück nicht infiziert worden. Aber ich gebe zu, ich war eine Zeitlang tatsächlich sportsüchtig. In Vorbereitung auf meinen Roman »Ego« habe ich mich unter anderem der sogenannten Königsdisziplin des Triathlon verschrieben. Auch das war eine Grenzerfahrung, ganz abgesehen davon, daß ich als Schwimmer zu denen gehörte, die mit der Frustration leben mußten, daß sie nach dem Schwimmen – der ersten Disziplin beim Triathlon – immer relativ früh aus dem Wasser kamen und dachten, »schau an, ich bin ja ganz vorne im Feld«, um dann beim Radfahren und Laufen von wilden Horden überholt zu werden, aber das nur nebenbei. Das entscheidende beim Triathlon ist, daß man den Begriff »Ironman« richtig versteht. Man neigt dazu, ihn auf den Körper zu beziehen, auf muskelbepackte, harte, sprich: eiserne Männer, aber das ist nicht der Punkt. »Ironman« meint eigentlich den eisernen Willen. Und das ist eine der zentralen Analogien zwischen Sport und Literatur: Einen Roman zu schreiben ist neben vielen anderen Dingen vor allem eine Frage des eisernen Willens, und man braucht diesen Willen nicht für den Rausch, sondern für die Realität, nicht für die produktiven, euphorischen Stunden, sondern für die Stunden des Stokkens, des Stillstands, des drohenden Scheiterns, wenn kein Ende in Sicht ist und einem niemand helfen kann. Man braucht einen eisernen Willen, um das auszuhalten, gerade die eigene Schwäche, das Ungenügen, die Unzulänglichkeit, denn ihr begegnet man unweigerlich.

Man kann dieses Sportler-Pathos aus der betrachtenden Distanz heraus belächeln, doch in der Arbeit selbst, offengestanden, hilft es mir. Allerdings ist die Metapher vom »eisernen Willen« nicht gerade mein inneres Lieblingsbild. Am liebsten denke ich – in den finsteren, verzagten Stunden – an den alten Bootsmann aus Dover, der seit dreißig Jahren die Kanalschwimmer auf ihrer verrückten Reise durch diese Wasserstraße führt. Der Dokumentarfilmer Jörg Adolph fragte ihn, ob es ihn nach all den Jahren nicht langweile, die ihm anvertrauten Schwimmer einsam und unaufhörlich vor sich hinkraulen zu sehen. Der Bootsmann dachte einen Moment nach und sagte dann, es würde nie langweilig zuzusehen, wie das Beste in einem Menschen arbeitet. – »Und was ist das Beste in einem Menschen?« – »Der Wille, nicht aufzugeben.«

An dieser Stelle möchte ich einen ganz alten, aus der Mode gekommenen Begriff wiederbeleben, den der Tugend. Ich halte den Willen, nicht aufzugeben, für eine Tugend, die beim Schreiben unerläßlich ist. Ich halte viele andere verpönte Tugenden wie Fleiß, Gewissenhaftigkeit, Geduld und die Kraft, es sich aus Liebe zur Sache schwer zu machen und eben gerade nicht so leicht wie möglich, für wichtige Eigenschaften eines Schriftstellers. Natürlich sind sie nicht gerade attraktiv. Tugenden schaden der Autoren-Aura. Kein Schriftsteller will in der Öffentlichkeit gern als Streber dastehen, obwohl die Tugend der Strebsamkeit zum Romanschreiben dazugehört. Und auch ein Großteil der Öffentlichkeit will keine »tugendhaften« Autoren, sondern sucht in ihnen gerade das andere, Außergesellschaftliche, den Gegenentwurf zum bürgerlichen Leben. Deswegen das Dichterbild des Bohemiens, den ein Hauch von Lasterhaftigkeit umweht, deswegen der dekadente Kranke, der sich ausnimmt von dem arbeitsamen Einerlei seiner Mitwelt.

Selbstverständlich muß ein Autor sich auskennen in den Abgründen, den dunklen Seiten des Seins, dem – wenn man so möchte – »Laster«. Er muß sich kennen, seine inneren Dämonen, seine Figuren und wissen, wovon er schreibt. Aber das ist eben nur die eine Seite, die andere ist Arbeit, und dafür benötigt auch ein Bohemien die Tugenden, die er bei anderen oft verachtet. Selbststilisierung und Autosuggestion, Wunschdenken und Selbstdarstellung haben eine Reihe von Dichterbildern geschaffen, die mit dem Begriff der Tugend unvereinbar scheinen, die damit aber auch über einige wesentliche Voraussetzungen der schriftstellerischen Arbeit hinwegtäuschen. Wenn man sie näher untersucht, stößt man immer wieder auf dasselbe Paradoxon, daß das Schreiben, von dem soviel gesprochen wird, eine Arbeit ist, die keine sein soll.

Wer also meint, der Sportler-Autor sei eine neumodische Zeiterscheinung, dem würde ich entgegenhalten, daß Trainingsdisziplin und »Coaching« nur Spielarten alter Autorentugenden sind. Es sind ins Sportliche gewendete Ausprägungen des – um mit Goethe als der ewigen Zitat-Autorität zu sprechen – »ernsten Führens« eines Schriftstellerlebens und der Verantwortung für sich. Man kann sogar noch weitergehen und die Trainingsmethoden und mentalen Strategien des Sportler-Autors mit denen der Mönche vergleichen.

Die Exerzitien der Jesuiten beispielsweise erinnern mitunter sehr an die Übungen heutiger Autoren. Der morgendliche Waldlauf, das Kaltwasserschwimmen, die gebetsmühlenartigen Wiederholungen an Trainingsgeräten wie die gesamte Tageseinteilung des Autors, all das hat etwas Rituelles, Exerzitienhaftes. Vom autogenen Training angefangen über Yoga bis hin zum Ausdauersport stößt man bei vielen, völlig unterschiedlichen Autoren immer wieder auf das Phänomen, daß sie wie die jesuitischen Mönche an körperliche Grenzen gehen, die sie sukzessive zu verschieben und zu überschreiten versuchen, um »Spiritualität« zu erreichen oder eine Form von »Transzendenz«, nur eben keine religiöse, sondern sozusagen eine ästhetische. Ihre Übungen – so verschieden sie auch sein mögen – wurzeln alle im Zusammenhang von körperlicher und geistiger Bewegung. Sie haben die Selbstüberwindung zum Thema, werden mit einer gewissen rituellen Strenge vollzogen und zielen auf die Überschreitung einer Grenze. Darin zeigt sich eine weitere wichtige Parallele zwischen Sport und Literatur, zwischen Extremsport und Extremschreiben – und letztlich ist jedes Schreiben ein Extremschreiben: Es handelt sich um eine extreme körperliche Belastung und die angestrebten Grenzüberschreitungen sind nicht körperlos, sondern nur mit und durch den Körper zu erreichen.

Deshalb war für mich der Held des Körperkultromans »Ego« auch nicht in erster Linie eine bizarre Ausgeburt des Zeitgeistes, sondern mit seinen Fitneß-Studio-Exerzitien und seiner permanenten Nabelschau gewissermaßen ein Mönch der Moderne. »Bodybuilding« meint auf gut deutsch die Bildung oder Formung des Körpers, und dahinter steckt im Grunde der uralte Wunsch einer Selbsterschaffung, die Sehnsucht, sich zum Kunstwerk zu erheben und zum Schöpfer seiner selbst. Insofern ist der Held von »Ego« eine Künstlerfigur, ein in hohem Maße ästhetisch denkender Mensch, nur daß sein Werk letztlich sein Körper ist. Und die Tragik dieses Helden besteht darin, daß sich sein Körper der Werkhaftigkeit immer wieder entzieht. Der menschliche Körper ist das vielleicht grausamste Kunstwerk überhaupt, weil es jeden Tag verfällt. Beim Schreiben kann man sich wenigstens sagen: Das, was ich mir abgerungen habe, bleibt für eine Weile. Beim »Bilden« des Körpers ist das anders. Das Fleisch muß jeden Tag wieder geformt werden. Es ist ein unentwegtes Ankämpfen gegen die Vergänglichkeit.

Insofern ist man auch viel zu schnell mit der Aussage, der Typus des Körperkünstlers sei narzißtisch im Sinne von »in sich selbst verliebt«. Er ist eben gerade nicht selbstverliebt. Im Prinzip versucht er die ganze Zeit, seine Liebe zu erringen, er versucht, sich in sich zu verlieben, aber er kann sich nicht lieben, solange er nicht diese von ihm ästhetisch akzeptierte und seiner Liebe würdige Gestalt erlangt hat. Er versucht, sich zu jemandem zu machen, den er lieben kann, er ist sein eigener Pygmalion. Ein Narziß hingegen ist dem Mythos zufolge ein naturschöner Jüngling, der sich über den Bach beugt, sein Bild im Wasser gespiegelt sieht und in Verzückung über sich selbst vergeht. Das ist aber nicht der Typus des modernen Sportlers, und es beschreibt auch nicht die Qual derer, die ihren Körper nach ihrem inneren Selbst- oder Wunschbild zu formen versuchen.

Was man gemeinhin als Narzißmus geißelt, ist also nicht Narzißmus im sich erfüllenden Sinne. Es ist keine erwiderte Selbstliebe, denn dann wäre ja alles gut, sondern vielmehr eine sich zu erarbeitende Selbstliebe, eine Akzeptanz, um die man sich müht. Und das ist mehr als nur Eitelkeit. Es ist ein fundamentales Prinzip, nach dem nicht nur die Gesellschaft funktioniert, sondern auch die Arbeit am Schreibtisch. Es ist der Glaube, daß man eine Leistung bringen muß, um dafür Liebe zu bekommen, die Liebe der anderen, aber vor allem auch die eigene.

Ich will dieses Prinzip »Liebe gegen Leistung« jetzt nicht kritisieren, ich will es auch nicht weiter ausführen, aber es ist ein grundlegendes Prinzip, das uns antreibt. Am sinnfälligsten wird es in meinen Augen immer in jenem seltsam nichtssagenden Moment, der eigentlich einen Höhepunkt darstellen soll, aber jedesmal wirkt wie ein Epilog: Zu einer Zeit, als man noch die Tour de France guckte, gab es am Ende einer Tagesetappe immer dasselbe Bild. Auf dem Treppchen standen völlig ausgemergelte Männer, und als dem Tagessieger ein Blumenstrauß überreicht wurde, kamen jedesmal zwei schöne Frauen von beiden Seiten und drückten ihm einen spitzmundig sterilen Kuß auf die hohlen Wangen. Für mich war das immer die traurigste Versinnbildlichung der Botschaft: »Du mußt eine extreme Leistung bringen, dann kriegst du am Ende auch ein Küßchen.« Liebe für Leistung, das ist nicht zuletzt das Prinzip der Tour de France – und dafür haben sich Menschen bis zur Selbstverstümmelung gedopt.

Doch, um bei »Ego« zu bleiben und dem Helden, der äußerst unglücklich in sich verliebt ist: Dieses Ringen um die ästhetische Akzeptanz seiner selbst, um die narzißtische Erfüllung beim Blick in den Spiegel ist nur die eine Seite – die andere ist das Gefühl der eigenen Schwäche, die einem gerade im Sport immer wieder begegnet. Aus diesem schmerzlichen Bewußtsein kommt die Sehnsucht nach Unverwundbarkeit. Interessanterweise trifft sich der Sportler hier mit dem Thomas-Mannschen Dichterbild des großen Kranken: Im Prinzip weiß der Held in »Ego« genauso um seine Schwäche, seine Unfähigkeit mitzutun, doch er bemüht sich, sie wettzumachen, indem er sie in körperliche Stärke verwandelt, während Thomas Mann mit seinem Bild des dekadenten, arbeitsuntauglichen Dichters diese Schwäche in geistige Stärke, in geistige Größe ummünzt. Doch in gewisser Weise kompensieren sie beide ein empfundenes Defizit. Das Gefühl der Schwäche ist ihr gemeinsamer Ausgangspunkt. Und ich frage mich manchmal, wozu mehr »gesundes Selbstbewußtsein« nötig ist: sich den äußeren Ansprüchen anzupassen und seine Schwäche durch Sport zum Verschwinden zu bringen oder sich hinzustellen und zu sagen, ich bin anders als die anderen, und gerade das stigmatisiert mich nicht, es zeichnet mich aus!

In diesem Zusammenhang möchte ich ein Thema ansprechen, das mich beschäftigt, seit ich schreibe: Sind die Sportler-Autoren von heute »konformere Menschen« als die Dichter von einst? Sind sie professioneller, stromlinienförmiger und damit Spiegelbilder einer immer rigoroser selektierenden Gesellschaft? Bilden sie mehr als je zuvor den Typus des leistungsdenkenden Menschen ab? Haben sie verloren, was die Autoren früher vielleicht noch hatten, das Anderssein, das Unangepaßte, das gesellschaftlich nicht zu Vereinnahmende?

Hierzu eine Geschichte aus meiner Schulzeit. Was mich als Schüler sehr schockiert hat, waren die Bücher »Der Fremde« von Camus und Salingers »Der Fänger im Roggen«. Beide Romane funktionieren über eine starke Außenseiterfigur. Der Fremde fühlt nicht, was er angesichts des Todes seiner Mutter fühlen sollte, und wird von der Gesellschaft dafür verdammt. Holden Caufield, der Fänger im Roggen, weigert sich, in eine verlogene Erwachsenenwelt einzutreten, kann sich aber auch nicht mit seinen halbstarken Altersgenossen anfreunden und irrt als einsamer Wolf durch New York. Das Schockierende an der Lektüre war, daß sich so ziemlich alle in meiner Klasse mit diesen Außenseitern identifizierten. Ich schaute mich unter meinen Mitschülern um und dachte: »Das kann doch wohl nicht wahr sein! Eigentlich dürften sich doch nur die Außenseiter mit den Außenseitern identifizieren!« Tatsächlich hat sich aber der halbe Jahrgang mit dem Fänger im Roggen eins gefühlt, und das wirft die Frage auf: Wer ist überhaupt Außenseiter, wenn wir alle innerhalb der Gesellschaft funktionieren, uns aber insgeheim als Außenseiter sehen? Wir schwimmen zwar größtenteils mit dem Strom, fühlen uns aber innerlich viel weniger zugehörig, als wir vorgeben. Folglich identifizieren wir uns nicht nur bereitwillig mit Außenseiterfiguren, sobald eine auf den Plan tritt, wir sind sogar froh darum, daß eine solche Figur unser verborgenes Außenseitertum artikuliert, einen Ausdruck dafür findet, gleichsam stellvertretend für uns.

Seit diesem Schulerlebnis mißtraue ich der Gleichsetzung von äußerer und innerer Konformität, äußerer und innerer Ordnung. Ich mißtraue der demonstrativen Stabilität des bürgerlichen Lebens, denn gerade in sehr geordneten Verhältnissen habe ich oft eine enorme Labilität kennengelernt. Ich meine damit nicht die vielgeschmähte Doppelmoral oder gar ein heimliches »Doppelleben«, sondern das Mißverhältnis von äußerer Normalität und innerem Chaos, von Mitmachen und Nichtzugehörigkeit, Stärke und Schwäche. Ich glaube, daß man den Widerspruch in anderen Menschen tendenziell unterschätzt, daß viele Autoren und Theatermacher in dem noch immer sehr beliebten Feindbild des Bürgers den Widerspruch glatt ignorieren. Ein Mensch muß sich sehr viel antun, um vor den Augen der anderen als Bürger durchzugehen, er muß sich verbiegen, um zu funktionieren, und natürlich weiß er auch, welchem Teil von sich er opfert, welchen inneren Widersprüchen er in seinem äußeren Leben nicht stattgibt. Jeder trägt einen Fremden in sich, einen Holden Caufield, der mit der verlogenen Erwachsenenwelt um sich herum nicht zurechtkommt, der sich nicht einfügen kann, den das alles schmerzt. Jeder kennt das Gefühl, auch wenn er ihm im täglichen Leben nicht nachgibt. Das ist jedenfalls meine einzige Erklärung dafür, wieso sich selbst die Angepaßtesten aus meiner Klasse seinerzeit mit Holden Caufield und dem Fremden identifizieren konnten, eine andere habe ich nicht.

Wenn man anerkennt, daß äußere Konformität den inneren

Widerspruch nicht ausschließt, heißt das umgekehrt, daß äußere Nonkonformität nicht zwangsläufig maximale Interessantheit bedeutet. Ein Autor, der sich gesellschaftlich nicht vereinnahmen lassen will, muß keineswegs Lebensgewohnheiten an den Tag legen, die der gesellschaftlichen Norm widersprechen, zumal eine solche »Norm« im althergebrachten Sinne heute, in Zeiten des entfesselten Individualismus, kaum mehr erkennbar ist. Mehr denn je frage ich mich, inwieweit man seine Geisteshaltung im äußeren Leben, in seiner Kleidung usf. demonstrieren muß oder ob nicht die Arbeit, die täglich gelebte und geschwitzte schriftstellerische Arbeit, der richtige Ort und Ausdruck dafür ist? Denn ganz sicher ist Schriftsteller ein Beruf, in dem man nicht weniger, sondern mehr arbeiten muß als andere. Ich sage das für all diejenigen, die davon träumen, Autor oder Autorin zu werden: Ich halte es nicht für nötig, daß Sie sich anders kleiden, anders aussehen als die anderen, daß Sie sich diese Position des Andersseins auch noch aufs T-Shirt drucken, zumal das Stadtbild sich ja inzwischen gewandelt hat und jeder seine Gesinnung öffentlich zur Schau trägt, auch wenn er gar keine hat. Mir scheint, daß der Autor wie überhaupt derjenige, der wahrhaft anders ist, sich in der Regel bemüht, sein Anderssein zu verbergen. Ein wirklich Fremder spürt, daß er durch sein Anderssein angreifbar, verletzlich ist. Er versucht, die Aufmerksamkeit eben nicht ständig auf sich zu ziehen, auch wenn heute ja jeder irgendwie anders sein oder zumindest so aussehen will.

Vielleicht kommt es durch meine Arbeit am Theater, daß ich so allergisch bin gegen Inszenierungen im Leben. Mir widerstrebt das inszenierte und zur Schau gestellte Anderssein des Bohemiens wie im übrigen auch das inszenierte, kostümierte Konservative, Altkonforme. Meiner Meinung nach macht man sich über derlei Dinge zu viele Gedanken. Die Art und Weise, wie man arbeitet, das, woran man arbeitet, macht einen Menschen für meine Begriffe besonders oder auch nicht, und es drückt sich in seinem Leben hinlänglich aus, ohne daß man mit roten Schals und Schlapphüten nachhelfen müßte. Doch das sind letztlich Geschmacksfragen. Davon verstehe ich wenig.

In einem nämlich unterscheidet sich die Arbeit des Schriftstellers von allen anderen Tätigkeiten: Es ist der einsamste Beruf, den ich kenne. Schreiben ist essentiell einsam und erfordert schon allein deshalb ein Maß an Absonderung und sozialem Sich-Ausnehmen, das wie ein Schnitt ist im Körper des Zusammenlebens von Menschen. Und für mich ist der Sport manchmal so etwas wie ein letzter Halt oder Trost, sich anders als nur schreibend zu erfahren: zu spüren, daß man lebt, daß man in seinem Körper und in der Welt ist, daß man schreiben und schreiben kann und doch nicht verlorengeht.

Ich komme damit zum vielleicht wichtigsten und letzten Grund, warum Schwimmen und Schreiben, Literatur und Sport für mich im Arbeitsalltag zusammengehören. Dieser Grund ist die Angst. Man muß sich diese Frage nicht unbedingt stellen, und man wird sie auch niemand anderem stellen und darauf eine ehrliche Antwort erwarten, aber eine der wichtigsten Fragen im Leben eines Autors lautet: »Wovor hast du am meisten Angst?« Oder wie es in der Erzählung »Zeit des Verschwindens« – dem zugegebenermaßen dunkelsten, was ich je geschrieben habe – heißt: »Es gibt über jeden Menschen einen Satz, der ihn zerstört … Wenn man ihn weiß, gibt einem das alle Macht über diesen Menschen.«

Ich werde ihn an dieser Stelle nicht verraten, den Satz, der mich zerstört. Aber natürlich gibt es bei jedem Autor eine Art berufsbedingte, professionelle Angst – die Angst vor dem schriftstellerischen Versagen, die Angst vor dem sogenannten Writer's

Block, der totalen Blockade. Diese Angst vor dem Versagen ist jeden Tag da. Es gibt keine Strategie – keine mentale oder sonst irgendeine –, diese Angst ein für alle Mal zu besiegen. Es gibt nur einen Sieg darüber, das ist die tägliche Arbeit selbst, und dieser Sieg ist jeden Tag wieder neu zu erringen. Er steht jedesmal wieder auf dem Spiel. Sport ist für mich dabei so etwas wie eine Zurüstung oder Rückversicherung. Er gibt mir die physische Gewißheit, daß ich mit meinem Körper, meiner Kondition Grenzen überschreiten kann. Er gibt mir das vielleicht utopische Selbstvertrauen, daß ich auch die Grenzen am Schreibtisch, die Schallmauern meiner Arbeit zu guter Letzt überwinden kann.

Es kursiert unter Schauspielern eine wunderbare Anekdote von James Dean, an die ich in der Angst oft denke. Als er eine sehr schwierige Szene spielen mußte – eine Szene, vor der er höllische Angst hatte –, machte er sich folgendermaßen Mut: Um den Drehort war ein Zaun gezogen, ein Maschendrahtzaun, hinter dem die Schaulustigen standen und ihm aus der Ferne zusahen. Dean wußte: »Ich kann bei dieser Rolle versagen, und möglicherweise sehen es alle.« Er ist dann hingegangen zu diesem Zaun, die Fans haben ihm zugejubelt, zugerufen – und er hat seine Hose aufgemacht und vor diesen Leuten an den Zaun gepinkelt, so als wären sie gar nicht da. Er hat sich gesagt: Wenn ich den Mut habe, das zu tun, dann habe ich auch den Mut, diese Szene zu spielen. Für mich ist das beim Sport oft ähnlich. Ich weiß, wenn ich diese Qual überstehe, dann überstehe ich auch alle Qualen am Schreibtisch …

Im Radsport wird viel von der sogenannten Schmerztoleranz gesprochen. Ich komme also noch einmal auf die Tour de France: Das Stehvermögen eines Radfahrers am Berg hängt sehr davon ab, wieviel Schmerz er aushält, wie viele Zumutungen sein Körper erträgt, bevor er streikt und völlig einbricht. Diese Schmerztoleranz kann man trainieren. Es ist letztlich nichts anderes als unsere gute alte deutsche Leidensfähigkeit. Und auch die Leidensfähigkeit am Schreibtisch will trainiert sein: Ohne sie, ohne den eisernen Willen, den eigenen Schmerz, die eigene Angst zu besiegen, bekommt man an den schweren Tagen kein Wort vors andere.

Für mich ist der Sport eine Zurüstung für das Besiegen dieser Angst. Sie wird mit den Jahren eher größer als kleiner und ist nicht wegzureden, indem man sich sagt: »Ich habe ja nun schon dieses oder jenes geschrieben, was einigermaßen gelungen ist.« Auch in diesem Punkt ist der Autor dem Leistungssportler sehr ähnlich: Keinen Sportler tröstet es, daß er die hundert Meter früher einmal in zehn Sekunden gelaufen ist. Denn wenn er die hundert Meter hier und heute nicht mehr in zehn Sekunden laufen kann, ist sein Leben vorbei, dann kommt nur noch der Abstieg. Und genauso geht es dem Autor: Wenn er merkt, er hat zwar viel Gutes geschrieben, aber was er jetzt schreibt, taugt nichts mehr, dann ist sein Leben als Schriftsteller zu Ende.

Die Angst davor steht jeden Morgen mit mir auf. Und jeden Morgen nehme ich meinen Mut zusammen, um ihr nicht auszuweichen, sondern auf sie zuzugehen, in der Hoffnung, daß ich durch sie hindurchkomme und zu ein paar guten Sätzen gelange. Der Sport ist dabei mein Wegbegleiter, er gibt mir die Kraft und die Kondition, nicht an dieser Angst zu zerbrechen, sondern immer weiter zu arbeiten, immer wieder aufzustehen, aufzubrechen zu dieser extremen, grenzüberschreitenden Reise eines Romans.

# Die erfundene Familie

## *Vom Schreiben am lebenden Sujet*

Familie ist ein weites Feld. Wer sich mit ihr beschäftigt, muß fest vor Augen haben, was er von ihr wissen will, sonst verliert er sich. Ich möchte mich zunächst mit Familie als Stoff, als Objekt von Geschichten beschäftigen. Schließlich ist der Familienroman eine Gattung, die lange Zeit – vielleicht aus guten Gründen – als verpönt galt, inzwischen aber wieder salonfähig geworden ist. Mehr als das. Einige der erfolgreichsten Romane der letzten Jahre firmieren unter dem Etikett »Familienroman«. Aber was heißt das eigentlich, Familie als Thema eines Romans? Wovon reden wir, wenn wir heute von Familie reden? Dieser Frage möchte ich zuerst nachgehen.

Doch Familie ist nicht nur immer wieder Objekt oder Material von Romanen, sie tritt auch als Subjekt auf: als Subjekt des Erzählens, das Geschichten hervorbringt und formuliert. Jede Familie erzählt eine Geschichte von sich, sie verfaßt und überliefert sich in Mythen und Legenden, Anekdoten und Gerüchten, sie hat ein beschämend gutes Gedächtnis für Peinlichkeiten und begleitet das Leben seiner Mitglieder mit einer nicht enden wollenden Erzählung, mit Kommentaren und Wertungen in Permanenz. Um diese Selbsterzählung der Familie, ihre »Autorschaft«, geht es im zweiten Teil.

Und drittens schließlich möchte ich mich dem Schreiben von Familienromanen widmen: Wie verhält sich die schriftstellerische Arbeit zur Familiengeschichte als Material und zum Selbsterzählungsprozeß der Familie? Inwiefern unterscheiden sich literarische Figuren und Geschichten von gelebten? In welchem Verhältnis stehen Fiktion und Familienrealität, Erfindung und Erfahrung, kurz, wie wird aus Familiengeschichte und den Geschichten der Familie ein Familienroman?

## *I.*

Zunächst aber zur Familie als literarischem Stoff oder Material. Die Thematisierung der Familie ist keine Erscheinung der jüngeren Literaturgeschichte, auch keine des 19. Jahrhunderts, Familien waren schon immer Gegenstand von Geschichten. Die ältesten überlieferten Theaterstücke – die antiken Tragödien von Aischylos, Sophokles und Euripides – sind Königsdramen und stehen ganz im Zeichen der Familiengenealogie. Ihre Protagonisten sind die Väter, Mütter, Söhne, Töchter, Onkel, Nichten nebst anderen Abkömmlingen alter Königsfamilien, und ihre Handlung besteht meist aus den Ungeheuerlichkeiten, die sich diese Nahverwandten antun. Das Material, auf das die Dramatiker der Antike dabei zurückgreifen konnten, stammt aus einem Bereich, in dem die Familie offenbar seit jeher zu Hause ist – aus den tradierten Mythen und Legenden, einer Grauzone des Sagenhaften zwischen Historie und Heldengesang.

Der Mythos ist indessen nicht allein der inhaltliche Ursprung der Fabeln dieser Stücke, er ist in ihnen auch zum Modell geworden durch die klare dramatische Form, die Aischylos, Sophokles und Euripides diesen Familiengeschichten gegeben haben. Die großen drei der antiken Dichterwettstreite haben es verstanden, das Archetypische der jeweiligen Figuren und Konflikte innerhalb der Königsfamilien herauszuarbeiten. Die mythologischen Vorläufer der griechischen Tragödien sind weitgehend vergessen, aber sie selber bestehen als Mythos und Modell von Familiengeschichten fort. »Ödipus« ist da mit Abstand das prominenteste Beispiel. Aber auch die »Orestie« oder »Antigone« erzählen von Familienbeziehungen und -konflikten, in denen die großen politischen, gesellschaftlichen und weltanschaulichen Auseinandersetzungen gleichsam Fleisch geworden sind. Und der Schmerzpunkt dieser Fleischwerdung und Zuspitzung in und durch die Familie besteht darin, daß die Menschen, die sich gegenseitig bekämpfen, einander gleichzeitig so nah sind.

Die Mythen und Muster der antiken Tragödie ließen und lassen sich auf vielfältige Weise auf die Familiengeschichten anderer Zeiten und Gesellschaften übertragen. Denn letztlich ist jede Familie eine Königsfamilie: Jeder Sohn ist ein kleiner Prinz, jede Tochter eine kleine Prinzessin, und die Eltern sind König und Königin, wenn auch nur für kurze Zeit. Nicht zuletzt deswegen hat Freud mit dem »Ödipus-Komplex« ein psychologisches Muster benennen können, das in der Familie immer wiederkehrt. Es scheint, als wäre die Familie im Kern eine geschlossene kleine Gesellschaft, ein eigener Mikrokosmos mit einer Reihe sich wiederholender und wiedererkennbarer Konflikte.

Diese Konflikte sind nicht neu, sie sind auch nicht frei zu erfinden, ihr Repertoire ist begrenzt, und es ist schwer, in dieser Hinsicht originell zu sein. Gewisse psychologische Grundmuster spielen in allen Familienromanen – auch in meinen – eine wichtige Rolle, sie bilden ihr Rückgrat, ihre Struktur und tragen Geschichten, deren Erscheinungsbild oder »Phänotyp« mitunter modern bis heutig daherkommt, deren Kernkonflikt aber auf die althergebrachten, genotypischen Muster der Antike zurückgeht.

Die prominentesten Beispiele aus dem Repertoire der familiären Problemkonstellationen sind sicherlich der Vater-Sohn-

Konflikt, das Thema Geschwisterrivalität, die Emanzipation der Tochter von der Mutter, der zerstörerische Ehekrieg der Eltern, der die Kinder in Mitleidenschaft zieht usf. Von Ödipus über Elektra bis hin zu Medea – es gibt für fast jeden Familienkonflikt ein antikes oder zumindest klassisches dramatisches Vorbild.

Der Mikrokosmos Familie ist eine Kampfzone, ein Austragungsort von Konflikten, die deshalb so dramatisch sind, weil sie bei aller Erbitterung und Härte im Bereich der Intimität spielen. Das kann man durch die Literaturgeschichte verfolgen, vom Familiendrama im bürgerlichen Trauerspiel bis hin zum Wohnküchendrama von heute. In fast jedem Stück ist es die Familie, die die Figuren zusammenbringt, zusammenzwingt – in ihrem emotionalen Raum finden die Auseinandersetzungen statt. Die aristotelischen Kategorien der Einheit des Ortes und der Zeit haben sich längst aufgelöst. Aber geblieben ist die Einheit der Genealogie, das Spannungsfeld Familie als Schauplatz von Szenen und Geschichten. Man kann fast so weit gehen zu sagen: Die Wiege des Dramas, des Konflikts überhaupt ist die Familie. Sie ist die Mutter aller Schlachten. Durch sie werden sämtliche späteren Kämpfe des Lebens vorgeprägt.

Im literaturgeschichtlichen Zeitraffer wirkt die Familie wie ein geschlossenes System der ewigen und immergleichen Konflikte, nahezu alles scheint schon einmal dagewesen. Doch das täuscht. Sie steht eben nicht außerhalb der Zeit oder gar über der Geschichte mit ihren wechselnden politischen und gesellschaftlichen Zusammenhängen – im Gegenteil: Der Mikrokosmos Familie unterliegt dem geschichtlichen Wandel, verändert sich mit der Zeit und wird gesellschaftlich sehr stark geprägt. Es sind also nicht nur sogenannte »anthropologische Konstanten« oder psychologische Urszenen im Spiel – diese werden immer wieder verwandelt, verändert, re- und deformiert.

Ich will an dieser Stelle keinen soziologischen Abriß über den Strukturwandel der Familie versuchen, sondern nur ein Gefühl für die Veränderbarkeit, die Labilität dieser scheinbar stabilen, zeitlosen Struktur vermitteln. Dabei greife ich nicht ganz so weit zurück und bleibe bei der jüngeren deutschen Geschichte, denn gerade in den letzten Jahrzehnten war Familie als gesellschaftliche Größe extremen Verwerfungen und Veränderungen ausgesetzt. Man denke an die rigiden, autoritären Familienstrukturen der Nazi-Zeit und der Wirtschaftswunderjahre mit ihrer Fixierung auf eine patriarchale Vaterfigur, an die Familienkritik der 68er, die negative Vaterfixierung im Versuch der Revolte, die Liberalisierung und Auflösung der als kleinbürgerlich und repressiv empfundenen Familienenge in Patchwork-Mustern und an die Sorgerechtskämpfe der Scheidungswellen, die alleinerziehenden Mütter, die sozialen Väter, die durcheinandergewürfelten Scharen von Stief- und Halbgeschwistern, die aufgebrochene Großfamilie der Moderne bis hin zur derzeitigen Renaissance teilsanierter Kleinfamilienmodelle.

Die Familie ist ein ideologischer Ort und zugleich die unmittelbarste gelebte Gemeinschaft von Menschen, auf die von allen Seiten Einfluß ausgeübt wird: politisch, gesellschaftlich, ökonomisch und nachbarschaftlich ... Die Familienbilder wechseln und verwandeln sich, Erziehungsmethoden und -moden kommen und gehen. Dennoch ist eine Grundtendenz erkennbar, die sich bei allen Schwankungen unaufhaltsam fortschreibt: Die Entwicklung geht deutlich in Richtung einer Koexistenz verschiedener Familienmodelle und familiärer Lebensformen, eines gelebten und weitgehend tolerierten Pluralismus. So gesehen sind wir heute in einer historisch noch nie dagewesenen, fast utopischen Situation, nämlich der, uns unsere Familie gewissermaßen »aussuchen« zu können – nicht die, in die wir hineingeboren werden, aber doch die Familie, die wir gründen, in der wir leben wollen. Diese »Wahlfreiheit« unterliegt selbstverständlich erheblichen Einschränkungen, und es ist viel Wunschdenken dabei. Doch allein die Tatsache, daß sich uns innerhalb einer Gesellschaft ein Spektrum von verschiedenen Formen familiären Zusammenlebens bietet, ist ein Novum – auch wenn politisch und gesellschaftlich sicher einige Lebensformen akzeptierter sind als andere.

Damit wird in dem Verhältnis zwischen Familie und Individuum ein archimedischer Punkt berührt. Die Familie – und das unterstreicht ihre Eigenschaft als Wiege des Dramatischen – ist die Gemeinschaft, aus der heraus sich der Einzelne entwickelt, von der er sich freikämpft und im besten Falle emanzipiert. Dieser Prozeß der Ich-Werdung, der Abgrenzung und Selbstbehauptung ist ein existentieller, hochdramatischer Vorgang, der vom Sturm und Drang bis zu den Spätpubertätsdramen der heutigen Zeit Stoff für zahlreiche Stücke liefert. Die zentrale Achse dieser dramatischen Modelle ist der Konflikt zwischen dem Einzelnen und der Gruppe, zwischen Individuum und Gesellschaft und damit im Kern zwischen der Familie und dem Ich, das durch diesen Ur-Konflikt überhaupt erst wird, was es ist. In diesem Kampf sind die Kräfteverhältnisse alles andere als eindeutig, und der Ausgang ist ungewiß: Söhne und Töchter können an der Macht und Dominanz ihrer Herkunftsfamilie zerbrechen oder sich verbiegen unter dem Druck der Erwartungen, der Last einer Schuld oder eines lebenslänglich schlechten Gewissens. Sie können aber auch ihrerseits zerstörerisch werden, die Gemeinschaft spalten und Fliehkräfte freisetzen, die ein weiteres Zusammenleben unmöglich machen. Manchmal frißt die Revolution nicht ihre Kinder, sondern die Kinder fressen die Revolution.

Ein lebensfähiger Ausgleich im Interessen- und Kräfteverhältnis zwischen Ich und Familie muß immer wieder neu gesucht, immer wieder neu gefunden werden. Dieser Balanceakt ist sozusagen die Vor- und Urform der Gleichgewichtsfindung zwischen Individuum und Gesellschaft, dem Einzelnen und der Gemeinschaft überhaupt. Ein solcher Prozeß ist keine reine Privatsache, er findet unter politisch-gesellschaftlichen Vorzeichen statt und unter dem wechselvollen Einfluß wirtschaftlicher Bedingungen. Doch auch hier ist ganz deutlich eine Tendenz zu erkennen: Die Gewichte verschieben sich immer mehr zugunsten des Individuums. Der Einzelne hat in den letzten Jahrzehnten viele Rechte, Freiheiten und Möglichkeiten gegenüber der Familie und Gesellschaft hinzugewonnen. Diese individualistische, immer stärker individualisierende Bewegung ist bei sämtlichen westlichen Industrienationen zu erkennen, befeuert von den Identifikations- und Illusionsangeboten der Werbung, die den Einzelnen als Kunden und Käufer zum König erhebt, ihn inthronisiert, umschmeichelt und ihm vorspiegelt, alles sein zu können, was er sieht und sein will – vorausgesetzt, er kann es sich leisten.

Die Zunahme der individuellen Freiheit gegenüber den Zwängen von Familie und Gesellschaft geht nicht ohne Grenzüberschreitungen ab. Das entfesselte Ich neigt zu Übertreibungen seiner selbst und erlebt jede Form von Einschränkung als Zumutung. Die grauen Mäuse der Wirtschaftswunderzeit mit ihrer Arbeitswut und dem Willen zur Konformität und Unauffälligkeit sind den Mega- und Monster-Egos von heute gewichen, die sich schwertun mit jeglicher Ein- und Unterordnung. Ihr bedingungsloses Streben nach Selbstverwirklichung verträgt sich nicht mit den gemeinschaftlichen Pflichten und dem Respekt vor den Rechten anderer. Dabei muß ein Mehr an persönlicher Freiheit keineswegs Egoismus, Narzißmus oder Rücksichtslosigkeit bedeuten und auch nicht zwangsläufig auf Kosten der Gemeinschaft gehen. Dem Einzelnen wird zwar mehr Macht, mehr Entscheidungsfreiheit übertragen, aber damit auch mehr Verantwortung in dem zu verhandelnden Interessenausgleich mit der Gemeinschaft. Der Balanceakt ist also nicht einfacher geworden, sondern schwieriger und anstrengender, denn er setzt voraus, daß der Einzelne lernt, mit der ihm anvertrauten Freiheit verantwortlich und auch im Sinne der Gemeinschaft bzw. der Familie umzugehen – doch dieser Lernprozeß dauert erfahrungsgemäß, und er geht selten ohne Kollateralschäden ab.

Es gibt keinen festen Schlüssel für die richtige Balance zwischen Familie und Individuum, zwischen Gemein- und Eigensinn, Selbstverwirklichung und dem Dasein für andere. Das Leben – vor allem das Zusammenleben – besteht im Aushandeln von Kompromissen. Es geht jedoch um mehr als eine Gewichtsverlagerung, wenn das Individuum nicht nur sich in Abgrenzung von der Familie definiert, sondern nach der Definitionsmacht über die Familie selbst greift. In dem Moment verschiebt sich besagter archimedischer Punkt. An die Stelle der »gegebenen Familie«, in die man hineingeboren wird, die man vorfindet und sich nicht aussuchen kann, tritt – unter dem Gesichtspunkt der Selbstverwirklichung – die Familie, die man gründen und möglichst selbst gestalten will. Das Individuum macht sich also anheischig, das Familienmodell, aus dem es stammt, nicht einfach fortzusetzen, sondern ein eigenes zu entwerfen, sich seine Familie »zu erfinden«.

Ganz so neu und vermessen, wie es zunächst klingen mag, ist das allerdings nicht. Wohl schon seit Menschengedenken haben Männer und Frauen, wenn sie sich mit dem Gedanken an Familie trugen, einander geschworen, alles anders und besser zu machen als ihre Eltern. (Inwiefern es ihnen dann gelungen ist, steht auf einem anderen Blatt.) Neu ist also nicht die Sehnsucht nach der selbsterfundenen Familie, sondern lediglich die Vielzahl der

Möglichkeiten, die dem Individuum heute zur Verfügung stehen – angefangen von der Freiheit der Partnerwahl über die relativ freie Wahl des richtigen Zeitpunkts der Familiengründung bis hin zur Entscheidung für oder gegen dieses oder jenes Familienmodell. Daß diesen neu errungenen Freiheiten andere Zwänge und Schwierigkeiten entgegenstehen, ist klar. Mir geht es nur um die Stoßrichtung, und die zielt auf eine fortschreitende Ermächtigung des Individuums zur Erfindung seiner Lebensform.

»Die Familie« als feste Größe gibt es also nicht mehr, und es gab sie, genau genommen, noch nie. Was vor 1968 herrschte, war ein einheitliches Leitbild von Familie mit einer höheren Verbindlichkeit als heute, doch Familie war nie eine Konstante, sondern ein veränderliches Gefüge von Menschen und Macht. Auch die bürgerliche Familie, an die wir denken, wenn wir Familie sagen, ist eine vergleichsweise neue und erstaunlich wandelbare Erscheinung. Familienbilder und Familienrealitäten wechseln, die gelebten und erlebten Familienverhältnisse unterscheiden sich sogar innerhalb einer Generation teilweise erheblich, und trotzdem scheint eine Verständigung über die Familienmodelle und Epochen hinweg möglich. Zumindest glauben wir alle, mitfühlen und mitreden zu können, wenn es um Familie geht, egal zu welcher Zeit, schließlich war und ist jeder von uns Sohn oder Tochter in irgendeiner Weise.

Dennoch neigen wir – bei aller Toleranz – zu dezidierten Ansichten, wie Familie zu sein hat, zumindest unsere eigene. Die Familie als gesellschaftliche Initiationsgemeinschaft ist ein hochgradig normativer Ort – Schauplatz vehementer moralischer und zwischenmenschlicher Projektionen nicht nur der Beteiligten, sondern des gesamten Umfelds. Einmischung ist vorprogrammiert. Allein das Thema Kindeserziehung ist dazu angetan, die Gemüter abendfüllend zu erhitzen. Denn es reicht ein schreiendes Kind im Supermarkt, um alle Erwachsenen von der alten Dame über den bierholenden Maurerpolier bis hin zur jungen Kassiererin in weltanschauliche Debatten zu verstricken. Und wer wirklich etwas über die Gemütslage der Nation erfahren möchte, der setze sich an einem sonnigen Tag auf einen Kinderspielplatz.

Was ich damit sagen will: Der Pluralismus der familiären Lebensformen ist nicht das Ende des Dramas in und um die Familie. Die vielbeschworene Toleranz auf diesem Gebiet gleicht eher einem prekären Waffenstillstand, einer zähneknirschenden Zurückhaltung zwischen den Generationen und den Anhängern verschiedener Lebensformen. Die Emotionalität des Familienthemas, in der sich Moralisches und Persönliches so sehr mischen, ist ungebrochen und wird durch den Pluralismus eher provoziert als besänftigt. Im Alltag steht der Waffenstillstand der Toleranz jedesmal auf dem Spiel, wenn Oma zu Besuch kommt oder Elternabend ist. Die Monokultur der Familie ist zu Ende, aber damit löst sich das Familiendrama nicht auf, es wird nur komplizierter.

Der Zugewinn an individueller Freiheit bedeutet zugleich den Verlust von Selbstverständlichkeiten. Familienmodelle werden nicht mehr vererbt, nicht mehr selbstverständlich von Generation zu Generation weitergereicht. Auch Familie als solche ist heute keine Selbstverständlichkeit mehr. Sie ist eine Option unter vielen. Und dieser Perspektivwechsel ist von enormer Tragweite.

Es gab ihn zwar schon immer, den Typus des Hagestolzes und ewigen Junggesellen, ebenso wie die sogenannte alte Jungfer, aber erst das Lifestyle-Ideal des Singles hat diese solistische Lebensform attraktiv gemacht und von einer gesellschaftlichen Randerscheinung in den Rang einer erstrebenswerten Lebensmöglichkeit erhoben. Desgleichen das Paar, das sich gegen Kinder und für die gleichberechtigte Karriere beider Partner entschließt: Es ist unter dem Label des »Dinks« (kurz für: double income no kids) zu einer respektablen und finanzkräftigen Alternative aufgerückt. In der Ermächtigung des Individuums zur Erfindung seines Lebens ist eben auch dies eine mögliche Wahl: sich nicht zwischen verschiedenen Familienmodellen zu entscheiden, sondern gegen Familie überhaupt.

Wie prekär die Toleranz verschiedener Lebensformen ist, läßt sich an diesem konkreten Beispiel besonders gut ablesen. Man kann es als politische Mode oder als ideologische Wende bezeichnen, in jedem Fall hat sich seit dem Regierungswechsel von Rot-Grün zu Schwarz-Rot klimatisch und programmatisch eine Umwertung der Lebensentwürfe vollzogen. Mit Ursula von der Leyen als Leitfigur, die den Spagat von Karrierefrau und Mutter, Modernität und Konservatismus bis in die Haarspitzen verkörpert, hat die Familie eine deutliche Aufwertung erfahren, was sich nicht zuletzt daran zeigt, daß die nahezu einzigen spürbaren Reformen der Regierung Merkel vom Familienministerium ausgehen. Die Botschaft lautet, vereinfacht gesagt: Kinder und Karriere, Familie und Beruf sind miteinander vereinbar, und der Staat hilft dabei. Was umgekehrt suggeriert, daß alle, die sich nur für das eine oder das andere entscheiden, es sich ein bißchen bequem machen und nicht das volle Programm absolvieren. Demographische Horrorszenarien der Überalterung und Überfremdung, Debatten um Generationenverträge und die allgemeine Rentenverunsicherung tun ein übriges. Ich will mich nicht in die politische Diskussion einmischen, ich will nur deutlich machen, wie hauchdünn das Eis der Toleranz tatsächlich ist und wie leicht gewisse Lebensformen auf der moralischen Wertetabelle auf- und wieder absteigen können. Singletum und Kinderlosigkeit galten nach ’68 lange Zeit als Inbegriff von Fortschrittlichkeit und Modernität, heute haftet ihnen der nicht mehr nur stillschweigende Vorwurf von Egoismus und sozialer Rücksichtslosigkeit an.

Einige Soziologen haben im Zuge dessen schon vom Ende der Familie und ihrer Auflösung gesprochen. Doch der Tatbestand, daß Familie heute nicht mehr selbstverständlich ist, bedeutet eben nicht nur, daß man sie verneinen kann wie noch nie, man kann sie auch bejahen wie nie zuvor. Richtig ist, daß die Frage »Familie, ja oder nein?« sich seit Menschengedenken nicht gestellt hat. Familie entstand einfach, sie war etwas Gegebenes und Weiterzugebendes. Man folgte dem evolutionären Programm der Fortpflanzung, wurde als Kind hervorgebracht und brachte Kinder hervor, wurde aufgezogen und zog Kinder auf in einer ungebrochenen, weitverzweigten genealogischen Bewegung über den ganzen Erdball. Keine Kinder, keine Familie zu haben, war nach Maßgabe der Genealogie eine Störung im Ablauf, eine evolutionäre Panne – ein toter Ast in dem nach allen Seiten ausschlagenden Stammbaum.

Die Selbstverständlichkeit von Familie und Fortpflanzung galt wie ein Naturgesetz ohne Einverständnis des Einzelnen. Wählen konnte er oder sie – mit etwas Glück – den Partner. Diese kleine Sollbruchstelle auf der vorgezeichneten genealogischen Bahn hat das Individuum weidlich für sich genutzt. Sämtliche Liebestragödien und Heiratskomödien handeln davon, daß die Partnerwahl des Einzelnen den Vorbestimmungen des Schicksals, den Erwartungen von Familie, Stand und Gesellschaft trotzt. Man nehme jedes beliebige Stück, eines ist sicher, der Heiratskandidat der Eltern ist nie der Traumpartner der Söhne und Töchter. Die gesellschaftlichen Konventionen kollidieren mit den Wünschen und Sehnsüchten des Ich aufs heftigste, schließlich kann sich sein Wille zu einem selbstbestimmten Leben nur an diesem einen

Punkt manifestieren, in der Liebe als höchstem Ausdruck seiner Individualität und Einzigartigkeit. Es ist sozusagen die Lücke, »die der Teufel ließ«. Denn in der Partnerwahl probt das Individuum den Aufstand und fordert immer vehementer seine Freiheit: die Ermächtigung zu einem Leben nach seinen Vorstellungen, zu seinem persönlichen Glück. Doch zur Debatte stand zu keiner Zeit die Frage, ob Familie überhaupt – und wenn ja, in welcher Form –, sondern einzig und allein: mit wem.

Es ist mehr als eine bloße Koinzidenz der Geschichte, daß die Erfindung bzw. Serienreife der Pille ziemlich genau 1968 auf den Plan trat, zu einem Zeitpunkt, als die westlichen Industrienationen eine beispiellose Revolte der jüngeren Generation gegen die überkommenen Gesellschafts- und Familienmodelle erlebten. Mit einer solchen Verhütungsmethode, die größtmögliche Sicherheit bei – zumindest männlicherseits – maximaler Bequemlichkeit garantierte, wurde aus der Studentenrevolte eine sexuelle Revolution. Die Pille avancierte zum Medikament der Befreiung: Lust und Liebe ohne Folgen, ohne daraus erwachsende familiäre oder gesellschaftliche Verpflichtungen. Das Individuum mit seinen Bedürfnissen und Wünschen konnte sich von den »Naturgesetzen« der Fortpflanzung abkoppeln, sich absolut setzen in seinem Streben nach Glück. Auch die Partnerwahl, die Philosophie der Liebe, veränderte sich vom romantisch Einmaligen, Ausschließlichen hin zur empirischen Suche, zum handfesten Experimentieren mit sich und anderen. Denn die Entscheidung für den Partner war – mittels Pille – keine mehr für ein ganzes Leben, sondern im Zweifelsfall nur für eine Nacht. Die Partnerwahl hatte keine genealogische Verbindlichkeit mehr, bedeutete keine Festlegung »für immer«. Vom kommunalen Gruppensex bis hin zur seriellen Monogamie waren alle Spielformen der libidinösen Selbstverwirklichung möglich. Neue Liebes- und Lebensformen wurden möglich, ganz im Sinne des legendären Mottos: »Wer zweimal mit derselben pennt, gehört schon zum Establishment.«

Die Totalverweigerung von Familie mit Hilfe der modernen Medizin war indessen nur eine mögliche Einstellung. Pille und Abtreibung im Falle einer ungewollten Schwangerschaft (»Mein Bauch gehört mir!«) gaben dem Einzelnen nicht nur die Möglichkeit zu einem großen genealogischen Nein. Auch das familienwillige Individuum bzw. Paar eroberte sich eine wichtige Variable: die Entscheidung über den Zeitpunkt einer möglichen Schwangerschaft. Das große Schlagwort lautete Familienplanung. Auch das war eine Revolution, nur eben keine sexuelle, sondern eine der Rationalität. Zum ersten Mal in der Geschichte des Menschen schienen Verhütung und Empfängnis steuerbar. Das Ende der Familie als Fremdbestimmung zeichnete sich ab, die frei erfundene Familie rückte in greifbare Nähe. Auf einmal war Verhütung nicht mehr Glückssache und Empfängnis nicht mehr Schicksal, sondern vom Individuum bzw. Paar selbst zu bestimmen. Diese Erhebung des menschlichen Willens über die eigene Natur und die Biologie der Reproduktion veränderte die Familienstruktur nachhaltig: Nicht nur, daß nach dem sogenannten Pillenknick deutlich weniger Kinder geboren wurden, Familien entstanden auch nicht mehr einfach so, sie wurden in einem noch nie dagewesenen Maße geplant. Größe, Aufbau und Altersgefüge veränderten sich rapide. Der Ermächtigung des Individuums schien mit dieser Entmachtung der Natur durch die Medizin kaum noch Grenzen gesetzt.

Als 1966er gehöre ich noch zu den letzten geburtenstarken Jahrgängen. Doch schon mein Bruder, der zweieinhalb Jahre später auf die Welt kam, fällt in die Zeit des Pillenknicks. Ich war ein Studentenkind und verhagelte meiner Mutter das Referendariat, mein Bruder war geplant und sozusagen ordentlicher Lehrersohn. In meinen Klassen saßen oft mehr als dreißig Mitschüler, bei ihm waren es maximal zwanzig. Meine Eltern ließen es mit uns beiden bewenden, weitere Kinder wurden nicht gewünscht und auch nicht Wirklichkeit. Ein Medikament hatte die Welt und den Mikrokosmos Familie verändert.

In meinem Roman »Beste Jahre« geht es unter anderem darum, wie sehr die »rationale Revolution« die Familie gleichsam auf den Kopf gestellt hat. Es geht um Macht und Ohnmacht des modernen Individuums. Auf der einen Seite steht der planende Verstand mit seinen Karriere- und Familienentwürfen, auf der anderen die Natur mit ihrer Gewalt und Unwägbarkeit, die wir als Schicksal empfinden und nur hinnehmen können. Der Menschheitstraum von der machbaren Familie und die existentielle Erfahrung von Geburt und Tod treffen hart aufeinander. Es geht um die Möglichkeiten und Grenzen der heutigen Medizin und um die Verlorenheiten zweier Paare im medizinischen Wunderland. »Beste Jahre« ist ein Roman übers Älterwerden der jungen Wilden, über späte Familie und ihre Ermöglichung durch künstliche Befruchtung.

Im Zentrum der Geschichte steht ein Schauspielerpärchen um die Vierzig, beide erfolgreich in ihrem Beruf, beide Individualisten in einer gleichberechtigten Partnerschaft und beide inzwischen so weit, daß sie sich eine Familie vorstellen können. Dieses literarische Paar ist der Realität – dem Ausschnitt von Realität, in dem ich mich auskenne – sehr genau nachempfunden. Es ist nicht autobiographisch, aber nah dran, nicht an mir, sondern an dem Typus, der ich bin. Denn am Anfang der Arbeit an »Beste Jahre« stand eine für mich persönlich erschreckende Feststellung: Mein ganzes Autoren- und Theaterleben lang hatte ich mir eingebildet, einen einigermaßen besonderen, um nicht zu sagen, individuellen Weg zu gehen. Doch als ich mich mit Vierzig in meinem Freundes- und Bekanntenkreis umschaute, stellte ich fest, daß dieser Weg keineswegs so speziell oder individuell war, wie ich dachte. Alle hatten mehr oder weniger dieselbe Strecke zurückgelegt, auf den verschiedensten Gebieten, mit leichten Nuancen und Variationen, aber es war immer dasselbe Prinzip: Die meisten hatten die Schule abgeschlossen, eine längere Ausbildung absolviert und nach ein paar Orientierungsjahren mit Versuchen und Irrtümern in ihrem Beruf Fuß gefaßt. Diese Eckdaten unserer Lebensläufe waren weder speziell noch individuell, sondern zum Gähnen gleichförmig. Unsere vermeintliche Selbstverwirklichung vollzog sich nach einem geradezu stereotypen Muster. Wir waren – obwohl die begnadeten Kinder des Individualismus, die für ihre Freiheit nicht so hart kämpfen mußten wie ihre Eltern – eben nicht individuell, sondern null-acht-fünfzehn. Was ich beim Blick auf mich und mein Umfeld entdeckte, war, mit einem Wort, der Durchschnittsdüffel.

Ich habe bei diesem Roman die verschiedenen Etappen und Stationen meiner Biographie daher auch nicht großartig zu verfremden versucht, sondern sie in dünner literarischer Verkleidung geschildert, nicht weil ich sie für so besonders halte, sondern für rrepräsentativ. Ich hatte zum ersten Mal in meinem Leben das Gefühl, »wir« sagen zu dürfen statt immer nur »ich« – eine der angenehmen Seiten des Durchschnittlichseins. Insofern läge es nahe, von einer »Generation« zu sprechen, einer »Generation Ich« oder dergleichen, aber so weit würde ich bei aller Liebe zur Absurdität nicht gehen. Richtiger, wenn auch bescheidener, scheint mir die Rede von einem gewissen Typus. In der Typologie, in die sich Jahrgänge und Gesellschaftsschichten auffächern lassen, waren wir – meine Freunde, Bekannten und ich – der Prototyp des Selbstverwirklichers.

Wie die meisten hatte ich meine Familienvergangenheit im Laufe einer ausgiebigen Spätpubertät bewältigt, meinen Frieden mit meiner Herkunft gemacht und irgendwann aufgehört, mich als Sohn zu fühlen. Ich hatte meine Familie gewissermaßen hinter mir und einen quasi seligen Zustand von Familienlosigkeit erreicht. Doch als ich mich so umhorchte und auch mir selber genauer zuhörte, ertappte ich mich und uns dabei, immer mehr über Familie zu reden, so wie wir sie uns vorstellten. Es reichte uns offenbar nicht mehr, uns selbst zu erfinden, also erfanden wir uns eine Familie.

Dafür gibt es eine ganz simple Erklärung: Mit Ende Dreißig, Anfang Vierzig konnten auch die größten Egozentriker das Ticken der biologischen Uhr nicht mehr überhören. Bei manchen war es das sanfte Flüstern der Gene, bei anderen massive Torschlußpanik. In jedem Fall ließ sich die auf Fortpflanzung ausgerichtete Natur nicht länger ignorieren. Die Ermächtigung des Individuums stieß an ihre hormonellen Grenzen. Vorhersehbarerweise. Interessanter scheinen mir die Gründe, die im Typus des Selbstverwirklichers als solchem liegen, die immanenten Ermüdungen und Defizite. Denn auch dies ist eine Erfahrung, die »wir« – oder zumindest viele von uns – machen mußten, daß die Interessantheit des eigenen Ich endlich ist. Nach der soundsovielten Selbsterfindung, nach dem x-ten Beziehungsexperiment und Lebensabschnittsprojekt kann man sich durchaus langweilen, mehr noch, man kann sich selber langweilig werden. Wir, die wir als freischwebende Individualisten angetreten waren, erlebten am eigenen Leib die Leier der Wiederholung: Wir konnten in unserem selbstdesignten Leben zwar die Oberflächen ständig umgestalten oder austauschen, aber die Tiefenstruktur blieb sich in ermüdender Weise gleich. Es war immer dasselbe Muster, das wir an uns selbst exekutierten, und außer der Verpackung änderte sich gar nichts. Wir hatten uns buchstäblich aus-probiert, zu Ende erprobt, die Möglichkeiten erschöpft.

Die aufkommende Melancholie der familienlosen Enddreißiger war also nicht nur eine biologische Traurigkeit, sondern vor allem die Sehnsucht nach einer Veränderung über die Grenzen des Ich hinaus. Das Ungenügen an der Selbstverwirklichung, an dem rein Ästhetischen des ewigen Ich-Projekts wuchs. Teils vage und verschwommen, teils auch sehr bewußt begann die Suche nach einer neuen Lebensbedingung, einer existentiellen Veränderung, die eben nicht nur Unterhaltungscharakter hatte, nicht nur Ich- und Selbstzweck war, sondern aus den Sphären des ästhetischen Spiels hineinreichte in die Dimension des Ethischen und eine höhere Verbindlichkeit hatte. Überspitzt gesagt: Die Folgen der Liebe, die mit Hilfe der Pille medizinisch ausgeschaltet worden waren, wurden auf einmal wieder zum Objekt der Begierde, oder besser der Sehnsucht.

»Kinderwunsch« lautet das große unausgesprochene oder auch ganz ausdrückliche Thema der Selbstverwirklicher in den »besten Jahren« Ende Dreißig, Anfang Vierzig. Bezeichnend dabei scheint mir der Befund, daß die wenigsten Individualisten meines Jahrgangs als 68erhafte Familientotalverweigerer angetreten waren, sondern eher mit der Variable des Zeitpunkts spielten: In der Mehrzahl gab es kein kategorisches Nein zur Familie, sondern nur ein »noch nicht« und »nicht jetzt!« Für die meisten von uns war sie lediglich aufgeschoben und nicht aufgehoben. Nur näherten wir uns mit unserer post-adoleszenten Verschiebungstaktik unweigerlich dem Zeitpunkt, an dem es für uns und insbesondere unsere Partnerinnen hieß: »Jetzt oder nie!«

Unsere erfundene Familie ließ sich nicht länger in die Zukunft projizieren. Die Lebensentscheidung über sie war keine vorläufige mehr und nicht reversibel wie bei unseren Selbsterprobungen, sie war endgültig. So oder so. Wenn wir sie selbst nicht treffen wollten oder konnten, würde die Biologie diese Entscheidung für uns treffen, ein für alle Mal. Kinder und Familie, ja oder nein, das war auf einmal kein Gedankenspiel mehr, er wurde Ernst.

Die erste Überraschung erlebten die meisten Familienerfinder, die bereit waren, sich auf dieses Abenteuer außerhalb ihrer selbst einzulassen, schon beim Verzicht auf die Pille oder andere probate Verhütungsmethoden der modernen Medizin. Die gängige Vorstellung war, man brauche eigentlich nur nicht zu verhüten, prompt würden sich Empfängnis, Schwangerschaft und Kindersegen einstellen. Viele rechneten vom Zeitpunkt des Absetzens der Pille neun Monate oder ein Jahr voraus und sahen sich dann bereits als Eltern. Das war naiv, in Wirklichkeit passierte meistens erst mal lange gar nichts. Aber es zeigt – neben der persönlichen Ahnungslosigkeit – den Ermächtigungshorizont des Individuums: zu glauben, die Natur, speziell die eigene Fruchtbarkeit, ließe sich beliebig aus- und wieder anknipsen.

Daß es auf dem natürlichen Wege mit der Erfüllung des Kinderwunsches nicht sofort klappte, war für viele die erste Erfahrung einer absoluten Grenze. Keine Familie haben zu wollen ist eine Sache, keine haben zu können etwas völlig anderes. Es bedeutet eine Kränkung des ermächtigten Individuums, die es schwerlich hinnehmen kann, eine existentielle Beleidigung der Freiheit seines Willens. Dabei ist dieser Umstand naturwissenschaftlich leicht zu erklären: Rein biologisch ist die fruchtbarste Zeit von Frauen und Männern Anfang Zwanzig, während ab dem dreißigsten Lebensjahr die Chancen für eine Empfängnis rapide sinken. Es war das erste Mal für viele von uns, daß wir uns mit dem Gedanken konfrontiert sahen, es könnte in Sachen Familie möglicherweise nicht »Jetzt oder nie!« heißen, sondern vielleicht schon zu spät sein.

Was ein gelernter Selbstverwirklicher ist, der tut sich schwer damit zu akzeptieren, einen Entwurf von sich – noch dazu einen so weitreichenden – nicht realisiert zu sehen. Aus dem großen Thema »Kinderwunsch« wurde sehr schnell das möglichst kleingehaltene Thema »künstliche Befruchtung«, das man eher hinter vorgehaltener Hand und mit einer gewissen Scham besprach – ein Tabu nicht aus ethisch-moralischen Gründen, sondern weil der Einzelne bzw. das Paar damit zugab, zu der einfachsten, elementarsten Sache der Welt nicht in der Lage zu sein. Während die Bienen munter um die Blumen summten, während alles in der Natur zeugte und gebar, waren sie nicht imstande, sich fortzupflanzen. Sie waren ausgeschlossen vom Leben, von dessen Werden und Vergehen, sie waren nur Vergänglichkeit. Künstliche Befruchtung schien da eine Lösung zu sein, war aber zunächst einmal das Eingeständnis eines äußerst intimen Defizits, eines genealogischen Makels. Dem männlichen Potenzstolz und der gebenedeiten Weiblichkeit machte das sehr zu schaffen, denn beide Partner erlebten sich auf einmal nicht mehr als souveräne Fortpflanzungsverweigerer, sondern als Fortpflanzungsversager, die sich helfen lassen mußten.

Scham ist bei weitem nicht das schlimmste der Gefühle, mit denen die Paare in »Beste Jahre« zu kämpfen haben auf ihrem beschwerlichen Weg zur »späten Familie«. Es wird für sie notgedrungen eine Beschäftigung mit den eigenen Grenzen, mit ihrer Endlichkeit. Das Ich der unbegrenzten Möglichkeiten sieht sich auf einmal mit dem Tod konfrontiert in Gestalt nicht des ungeborenen, sondern des ungezeugten Lebens. Es ist die erfundene Familie, die stirbt, und trotzdem ein Teil von uns. Zurück bleibt die Trauer eines auf sich selbst begrenzten, an sich selbst endenden Lebens.

Allerdings haftet den verzweifelten Anstrengungen der späten

Familienplaner auch eine gewisse Ironie des Schicksals an – eines Schicksals, das es nach Ermessen des medizinischen Machbarkeitswahns gar nicht mehr geben dürfte. Immer wieder steht die Grundabsurdität im Raum, daß wir – die gutausgebildeten Selbstverwirklicher – in unseren fruchtbarsten Jahren ausgiebig die Fortpflanzungsverhinderungsmedizin bemühen, um dann in unseren nicht mehr ganz oder kaum noch fruchtbaren Jahren die Fortpflanzungsermöglichungsmedizin anzurufen. Auch das nämlich ist eine bittere Wahrheit, daß die Ermächtigung des Individuums durch den medizinisch-technischen Fortschritt uns zwar unabhängiger von der Natur macht, aber gleichzeitig um so abhängiger von der Medizin.

Unsere Karriere- und Familienpläne haben sich vom evolutionären Programm der Natur weitgehend gelöst. Wir verhalten uns – unter dem Gesichtspunkt der Fortpflanzung – eigentlich genau entgegengesetzt zur eigenen Biologie. Ich meine das als Beschreibung, nicht als Wertung. Es wäre auch verfehlt, den Selbstverwirklicher als eine besonders schädliche Spezies des Egoisten anzuprangern, denn das Phänomen der späten Familie ist – noch eine traurige Wahrheit – vor allem ökonomisch bedingt. In einer hochspezialisierten Gesellschaft wie der unseren werden die Ausbildungen tendenziell länger, die Karrieren beginnen später. In wirtschaftlich unsicheren Zeiten ist eine finanzielle Stabilität und Regelmäßigkeit schwerer zu erreichen, die Zukunftssicherung hochgradig ungewiß. Insofern sind die Familien-Instinkte des Nestbauens und Versorgens im ökonomischen Daueralarm. Der ständige Wettbewerb bewirkt, daß Kinder, wenn nicht als Armutsrisiko, so doch als Wettbewerbsnachteil wahrgenommen werden. Selbst halbwegs etablierte Paare machen sich Sorgen, ob sie sich Kinder – das schreckliche Wort muß einmal ausgesprochen werden – »leisten« können, ohne damit weit hinter den beruflichen Rang und Lebensstandard zurückzufallen, den sie sich hart erkämpft haben. Um so mehr geht die Angst um bei denen, die noch ganz am Anfang einer möglichen Karriere stehen. Im Gegensatz zu meinen Eltern, die sich als Studenten einer Situation von Vollbeschäftigung gegenübersahen und keine Existenzängste haben mußten, als sie Mitte Zwanzig zu einem karrieretechnisch ungünstigen Zeitpunkt mich bekamen, erntet eine schwangere Kommilitonin im Hörsaal heutzutage nicht selten mitleidige Blicke.

Wer also auf die ach so pflicht- und familienvergessenen Selbstverwirklicher schimpft, sollte bedenken, daß dieser Typus viel weniger freiwillig ist, als es ihm selbst lieb oder bewußt sein dürfte. Die smarten Individualisten und Jobnomaden haben eine bindungslose Lebensform entwickelt, die vor allem deshalb Konjunktur hat, weil sie unter den ökonomischen Gegebenheiten die beste Überlebensstrategie darstellt. Die brüchigere, improvisierte, immer ein wenig provisorische Existenz derer, die von Projekt zu Projekt eilen, ist nämlich beides: selbst gewählt und notgedrungen. Es sind handfeste realwirtschaftliche Zwänge, mit denen das Individuum erfinderisch umgeht, aber eben nicht »frei«, sondern aus der Not heraus, die es erfinderisch macht. Unsere scheinbar selbstbestimmte Existenz ist vor allem eines, eine Meisterleistung ökonomischer Anpassung, denn sie muß einer Menge von Anforderungen genügen, die in den Jahrzehnten zuvor noch nicht so steil waren: höchste Mobilität, Flexibilität, Geschwindigkeit. Und das sind nicht nur familienerschwerende Faktoren, sie machen schon allein die Partnerbindung kompliziert. Für viele bleibt die erfundene Familie bereits deshalb ein ewiges Fernziel, weil sich in den hektischen Bewegungen des Arbeitslebens so manche Paarbeziehung aufreibt und keine private Stabilität entstehen kann. Wenn sich das Individuum also absolut setzt, dann nicht aus reiner Selbstherrlichkeit, sondern weil die Losgelöstheit, die freischwebende Existenz die ideale Paßform für die Anforderungen des Wirtschaftslebens darstellt. Und so darf man sich auch nicht wundern über den Befruchtungstourismus kinderwünschender Karrierefrauen, die sich beim Ferienflirt im Ausland schwängern lassen, um ohne Partner doch noch zu ihrer Familie zu gelangen.

Im übrigen sollen die ökonomischen Bedingungen keine Entschuldigung sein. Das ermächtigte Individuum will auch gar keine, denn jede Entschuldigung oder Erklärung ist eine Relativierung seiner Freiheit. Es sieht sich lieber autonom und unbedingt, als Akteur, nicht als Reaktion oder Folge von etwas. Sein Credo ist die eigene Unabhängigkeit. Und doch müssen wir alle mit der narzißtischen Kränkung leben, daß auch die späte Familie nicht wirklich unsere Erfindung ist, sondern das Ergebnis einer sozial-ökonomischen Logik. Wir selbst erfüllen damit nur ein Klischee, das uns die Anpassung an die Verhältnisse vorzeichnet.

Die Relativierungen des absoluten Selbst sind der Teil des Älter- und Erwachsenwerdens, der in der Werbebroschüre zur großen Ich-Karriere fehlte oder ziemlich kleingedruckt war. Das ermächtigte Individuum, das sich für sein Familien-Projekt auf den Parcours durch die Reproduktionsmedizin begibt, begegnet dem vermeintlich abgeschafften Schicksal wieder, und zwar in seiner brutalsten, archaischsten Form als biologisches Faktum und Fatum. Hightech und Natur, modernste Diagnostik und die Rätsel des Schicksals, rationales Kalkül und die Launen des Zufalls treffen hart aufeinander. War das Entstehen von Familie früher Verhängnis, so kann das Ausbleiben von Familie heute Verhängnis werden. Denn bei näherer Betrachtung erweist sich die Machbarkeitsbehauptung der modernen Medizin als Illusion.

Tatsächlich erlebt das ermächtigte Individuum seine Entmachtung durch die Halbgötter in Weiß ebenso wie durch die orakelartigen Befunde und Fehlschläge des Körpers. Schritt für Schritt nähert es sich der völligen Machtlosigkeit, dem Gefühl des Nichts-geht-mehr, dem biologischen Rien-ne-vas-plus auf dem Weg von der Hormontherapie zur Insemination, über die Invitro-Fertilisation (die Befruchtung im Glas) bis hin zur ICSI, der intrazytoplasmatischen Spermien-Injektion, bei der auch die Verschmelzung von Ei- und Samenzelle durch den Arzt herbeigeführt wird. Denn es gibt keine Garantie. Nicht jeder, der diese Strecke bis zu Ende geht, pflanzt sich fort. Letztlich liegt die Quote derer, die eine künstliche Befruchtung erfolgreich abschließen, bei dreiunddreißig Prozent. Man nennt das die »Baby-take-home-rate«, ein perfider Name, der klingt, als könnte man sich die Kinder einfach so aus dem Regal greifen. Aber genau darin besteht die Machbarkeitsillusion vom Kind auf Bestellung, das man nach dem Besuch beim Fruchtbarkeitsspezialisten einpacken und mit nach Hause nehmen kann. Gemessen an dieser Illusion vom genealogischen Selbstbedienungsladen ist die Erfolgsquote erschreckend gering. Denn man muß sich klarmachen, daß umgekehrt zwei Drittel derer, die für ein Kind Schlange stehen – um im Bild zu bleiben –, leer ausgehen und eine existentielle Enttäuschung erleben. Das Kind, das sie sich wünschen, gibt es nicht. Ausverkauft.

Hinzu kommen all die Fälle von medizinischen Irrtümern, Kunstfehlern und Fehldiagnosen. Jeder kennt die Anekdoten von jenen späten Vätern und Müttern, denen eigentlich schon völlige Unfruchtbarkeit bescheinigt wurde, die alles medizinisch Mögliche versucht und bereits Kinder adoptiert hatten, um plötzlich doch noch leibliche Eltern zu werden. Totgesagte zeugen leichter, und gerade im Bereich Empfängnis gibt es immer wieder kleine medizinische Wunder, Dinge, die es eigentlich gar nicht geben dürfte. In dem komplizierten Zusammenspiel von Psyche und Physis, im Streß- und Befindlichkeitskontext des fortpflanzungswilligen Paares spielen so viele Faktoren eine Rolle, daß auch die modernste Wissenschaft an ihre Grenzen stößt. Familienplanung funktioniert auch in Zeiten der Reproduktionsmedizin noch nach dem alten Brechtschen Motto: »Ja, mach nur einen Plan / Sei nur ein großes Licht! / Und mach dann noch 'nen zweiten Plan / Geh'n tun sie beide nicht.«

An der Statistik hat der Mensch zu seinen Gunsten deutlich geschraubt, doch von einer vollkommenen Naturbeherrschung ist er – zu seinem Glück oder Unglück – weit entfernt. Reproduktionsmedizin hat (zumindest bis heute) die Verläßlichkeit einer Wettervorhersage: Regenwahrscheinlichkeit 30 %. Das heißt aus Sicht des Individuums, wenn es regnet, wird es naß, wenn nicht, bleibt es trocken – Genaueres weiß man nicht. Statistisch hat sich viel geändert, doch im Einzelfall lassen sich Familien nicht planen, nicht erzwingen, sie entstehen noch immer. Für einige mag das eine sehr traurige Wahrheit sein, für andere wiederum tröstlich.

Das Schauspielerpaar in »Beste Jahre« indessen hat Glück bei seinem Reproduktionsexperiment, sein Kinderwunsch scheint sich zu erfüllen. Doch auch das ist auf seine Weise unfaßbar. Die beiden müssen keine Enttäuschung verarbeiten, sondern das ungläubige Staunen über so viel Planerfüllung und Funktionieren, über die rationale Revolution der Familie in völliger Reibungslosigkeit. Erst das Kinderzimmer, dann das Kind, erst die finanziellen Voraussetzungen, dann der Nachwuchs, erst das große Solo des Selbstverwirklicher-Lebens, dann das Gemeinschaftsabenteuer Familie – das alles kommt so logisch, so vernünftig, so mustergültig daher, daß der Erzähler das Gefühl der Unwirklichkeit nicht loswird, diesen leisen Zweifel, »wach ich oder träum ich?« Denn wie wir alle weiß auch er, daß die Dinge in Wirklichkeit nie so laufen und Realität sich geradezu dadurch definiert, daß sie sich unserem Denken und Wollen widersetzt. Kurzum: Sein Leben erscheint ihm zu schön, zu vernünftig, um wahr zu sein. Insofern betrachtet er die Truman-Show seiner »besten Jahre« mit einer gewissen Skepsis und wartet insgeheim auf den großen Ausrutscher in dieser täglichen Glückssoap, auf den Einbruch der Katastrophe.

»Beste Jahre« ist ein Roman über eine Familie, die es noch nicht gibt, und insofern kein klassischer Familienroman. Sein Thema ist die Erfindung einer Familie, die Familie im Werden, in der Schwebe zwischen Sein und Nichtsein. Im Fokus steht nicht die Vergangenheit, sondern vor allem die Zukunft und die Gegenwart als Übergangszeit, als etwas, das schon bald gewesen sein wird. Anders als sonst in diesem Genre wird die Familiengeschichte also nicht von hinten aufgerollt, sondern sozusagen mit dem Blick zurück aus der Zukunft und somit im Futur II erzählt. Erzähler ist der »co-schwangere« Mann, der parallel zur leibhaftigen Schwangerschaft seiner Frau seine zukünftige Familie mental austrägt. Er weiß, daß er sich in einer Phase des Umbruchs befindet, irgendwo zwischen Noch-Nicht und Nicht-Mehr. Sein bisheriges Leben als Selbstverwirklicher in Reinkultur ist zu Ende – sein neues Leben als Familienvater hat noch nicht begonnen. Ihm ist klar, daß mit der Geburt seines Kindes alles anders werden wird, er weiß nur noch nicht, wie. Aber auch wenn es ihm nicht annähernd gelingt, diese Veränderung zu antizipieren und sein »Leben danach« zu entwerfen, eines ist sicher: Sein Leben davor ist bereits jetzt Geschichte.

Der schwangere Mann ist zweifellos eine komische Figur: Sein Mitgefühl mit seiner Partnerin wirkt immer etwas hilflos, denn er bleibt ja biologisch »außen vor«. Sein Versuch zu verstehen, was mit seiner Frau und ihrem Körper passiert, seine mentalen Anstrengungen, analog zu ihrer Mutterwerdung den Vater in sich auf die Welt zu bringen, sind stark vergeblichkeitsgefährdet. Doch bei aller Komik dieses Ritters von der schwangeren Gestalt – für die man als Autor nur dankbar sein kann – geht es um ein sehr ernstes Thema. Denn genau zwischen der Lebensform des ermächtigten Individuums und dem Familienleben, das auf es zukommt, verläuft eine entscheidende gesellschaftliche Demarkationslinie. Gemeint ist der Umbruch vom absolut gesetzten Selbst hin zu einem familiär eingebundenen Ich, vom Spiel mit der eigenen Identität hin zur Verantwortung für andere, von der Ästhetik des Selbst zur Ethik der Gemeinschaftlichkeit.

Die Selbsterweiterung des Ich durch die Familie ist zugleich auch seine Selbstaufgabe, ein Abschied von sich und dem Leben in seiner bisherigen Form. Die Erfindung der Familie ist sozusagen der letzte große Entwurf des ermächtigten Individuums. Danach wird es den einsamen Standpunkt, von dem aus es sein Leben bisher projektiert hat, so nicht mehr einnehmen können. Es kann nicht mehr für sich allein entscheiden, nicht länger nur an sich denken. Vorbei die Zeit der Kompromißlosigkeit und Radikalität des großen Einzelnen, der im Mittelpunkt seiner Welt steht und seine alleinigen Interessen verfolgt, Beziehungen knüpft und wieder löst nach eigenem Belieben. Sein Egozentrismus wird relativiert durch die elterliche Mitsicht der Interessen und Bedürfnisse anderer, durch Rücksichten auf Kindswohl und Haussegen. Der rationalen Revolution der Familienplanung folgt eine gewaltige Selbstumkrempelung – geistig, seelisch und emotional – vom nahezu allmächtigen Individuum zum Familienmenschen.

Ob diese Wende vom Ich zum Wir gelingt, ist eine soziale Frage und hängt keineswegs nur vom Erfolg oder Mißerfolg einer reproduktionsmedizinischen Maßnahme ab. Kinder in die Welt zu setzen, sie »zu haben« genügt nicht. Der Prozeß des Umdenkens, des Anders- und Neuempfindens, der familiären Selbstrelativierung verlangt dem Individuum viel ab – und genau daran laboriert der schwangere Erzähler in »Beste Jahre«. Er fragt sich: »Kann ich das?« Seine persönliche Verunsicherung ist letztlich eine zutiefst gesellschaftliche, denn der Wechsel vom Selbstdarsteller zur Vaterfigur ist nur scheinbar seine Privatsache. Im Grunde stellt er sich genau die Frage, vor der wir alle stehen, ob wir – die großen Selbstverwirklicher – überhaupt noch familientauglich und sozial verträglich sind.

Darin besteht meines Erachtens die fundamentale Veränderung, der Bruch in dem, was Familiengeschichten einmal waren und was sie heute sind bzw. sein werden: Nicht nur, daß die Familie später kommt, nicht nur, daß sie durch die Ermächtigung des Individuums von einer Selbstverständlichkeit zu einer Frage geworden ist, sie geht auch nicht mehr aus dem gegebenen Wir der Herkunftsfamilie hervor. Zwischen dem Wir, in das man hineingeboren wird, und dem Wir, das man möglicherweise einmal begründet, liegt eine lange Experimentierphase des Ich – die Zeit der Postadoleszenz, der beruflichen und privaten Orientierungsversuche, der Identitätserprobung – und für manche führt von dort aus kein Weg mehr ins Wir zurück: nicht nur bei jenen, die keine Kinder bekommen können oder wollen, sondern auch bei solchen, deren Kinderwunsch sich erfüllt und die es trotzdem nicht schaffen, eine Familie zu werden.

Auch das ist als Befund gemeint, nicht als Bewertung. Denn man kann das große Ich-Intermezzo zwischen Wir und Wir sowohl positiv als auch negativ sehen. Positiv, weil die »Pufferzeit« zwischen der Herkunftsfamilie und der eigenen Familiengründung dem Einzelnen die Möglichkeit bietet, sich über sich und seine Familie klarzuwerden. Das übergangslose Fortzeugen von Wir zu Wir in Zeiten der Familienselbstverständlichkeit hatte nicht selten zur Folge, daß Konflikte sich verschleppten oder verschoben und die Bewältigung der Familienvergangenheit zum Problem der Nachfolgefamilie wurde. Oft war man schon Vater oder Mutter, bevor man Gelegenheit hatte, mit sich und seinen Eltern ins reine zu kommen. Aus diesem Stoff sind viele, wenn nicht gar die meisten Familiengeschichten und -romane der klassischen Form. Die Einzelnen entwachsen dem Organismus Familie nicht, sondern bleiben auf die Hierarchien und Machtstrukturen der Sippe bezogen, ja, fixiert, sie erfahren sich kaum in anderen Kontexten und werden das Gefühl von Unfreiheit zeitlebens nicht los. Das ermächtigte Individuum hingegen entscheidet sich – im günstigsten Fall – vom Standpunkt der Emanzipation aus freiwillig für Familie, die es nicht einfach bloß verlängert, sondern neu erfindet und verwirklicht, sofern Medizin und Schicksal mitspielen.

Genau das kann man aber auch negativ beschreiben. Denn die Chance der Familienemanzipation des Ich und die Freiheit seiner Entscheidung für (oder gegen) die Familie sind auf der anderen Seite ein Problem: Das ermächtigte Individuum wird aus allen Bezügen und Verbindlichkeiten entlassen, es desozialisiert sich gewissermaßen und verlernt dabei – im schlimmsten Fall – Familie wie das gemeinschaftliche Leben überhaupt. Die schwächeren, labileren Persönlichkeiten sind von dem Maß an Freiheit und der Vielzahl ihrer Möglichkeiten überfordert, ihnen fehlt jede Orientierung – Beziehungschaos und Verwahrlosung sind die Folge. Die stärkeren Charaktere hingegen nutzen ihre Freiräume, tun sich aber schwer damit, nur eine Handbreit davon wieder abzugeben. Sie schaffen sich zwar Kinder an, da sie auch darauf nicht verzichten mögen, sind aber im Grunde nicht bereit oder imstande, ihr Leben mit ihnen zu teilen, sondern verfolgen weiter primär ihre eigenen Interessen und kreisen weiter um sich selbst, auf ihrer einsamen Bahn. Zu dem sozial verwahrlosten Nachwuchs der Freiheitsverirrten gesellen sich demnach die emotional verwaisten Kids der Ego- und Karriere-Eltern, die das weniger gut bezahlte Geschäft der Aufzucht und Erziehung an Nannys und Kindermädchen delegieren. Laut diesem Negativszenario wächst unter den Augen der Selbstverwirklicher eine Generation von traumatisierten Kindern heran, die mit sich selbst so wenig klarkommen wie ihre auf sich fixierten, beziehungsunfähigen Eltern.

Für beide Sichtweisen – die positive wie die negative – lassen sich Beispiele und Belege finden, für die negative vielleicht sogar einige mehr, da Glück und Gelingen seltener von sich reden machen. Doch wie auch immer man die Freiheit oder Loslösung des Individuums vom familiären Wir bewertet, sie ist unumkehrbar. Die Ich-Ermächtigung läßt sich durch keine noch so konservative Politik zurückdrehen, auch wenn dieses Maß an Entscheidungsfreiheit für den Einzelnen und für die Gemeinschaft in hohem Grade anstrengend ist, weil jeder auf seine Weise lernen muß, damit umzugehen. Dieser Lernprozeß kann auch scheitern, und zwar auf äußerst zerstörerische Weise, wie man immer wieder in der Zeitung liest. Doch das kann umgekehrt nicht heißen, daß man lieber nicht lernt.

Das Thema Familie hat sich also verändert – in den letzten Jahrzehnten so rasant wie noch nie. Durch das Ende der Familienselbstverständlichkeit, durch die Ermächtigung und Emanzipation des Ich spielen Selbstentwürfe und Familienerfindungen eine immer größere Rolle. Anders als noch vor zwanzig, fünfundzwanzig Jahren finden Familiengeschichten heute nicht mehr in erster Linie in Auseinandersetzung mit der Vergangenheit statt, sondern vor allem mit der Zukunft. Schauplatz ist die Virtualität der Vorstellungswelt des Einzelnen bzw. Paares. Dadurch wird aus einem Familienroman noch lange keine Science-fiction, doch das Genre muß sich verändern, wenn es nicht nur nostalgisch verstanden werden will. Der neue zeitgenössische Familienroman wird nicht länger im Präteritum siedeln und von Fragen der Vergangenheitsbewältigung dominiert sein, sondern sich ausrichten auf eine projizierte Zukunft und die erfundenen Familien, die sich erheblich von dem unterscheiden, was Familie einmal war.

»Beste Jahre« ist ein erster Versuch in dieser Richtung und erzählt die Geschichte eines langen Abschieds vom Selbst. Es geht um das Staunen über die rationale Revolution und die Vernünftigkeit heutiger Lebenspläne ebenso wie um die Kontrollverluste des ermächtigten Individuums, das etwas von sich abgegeben will und sich zur Selbst- und Lebensaufgabe Familie entschlossen hat. Die Gedanken und Entwürfe des Erzählers kreisen um »Obsklappt«, um das ungeborene Leben im Bauch seiner Frau und um das unerfindliche Wir, das seine Zeit als Identitätsvirtuose beenden wird. Ich weiß nicht, ob es mir gelungen ist, dieses veränderte Lebens- und Familiengefühl einzufangen. Doch ich las neulich in einer amerikanischen Boulevardzeitschrift ein Interview mit einer Hollywood-Ikone, die von ihrem neuen Lebensgefährten als FBD sprach, »Future Baby's Daddy«. Man beachte die begriffliche Reihenfolge: Das zukünftige Kind ist schon da, gesucht wird der Vater dazu! In dem Familienplan dieser Schauspielerin steht also nicht einmal in Frage, ob's klappt, sondern nur, mit wem.

## *II.*

Über Familie als Stoff ließe sich noch unendlich viel mehr sagen, es gibt wohl kaum ein reicheres Material, kaum einen ergiebigeren Erzählgegenstand. Doch ich möchte jetzt zu einer Eigenschaft von Familie kommen, die vielleicht nicht so offenkundig ist: zur Familie als Medium, als Subjekt seiner eigenen Geschichte.

Jede Familie betreibt ihre eigene Geschichtsschreibung. Denn sie besteht nicht nur aus teilweise erschreckenden Ähnlichkeiten, Prägungen und Verhaltensmustern, die oft unbemerkt vom Einzelnen an den unmöglichsten Stellen wieder auftauchen. Sie hat auch eine eigene Stimme, und diese Stimme vernimmt man immer wieder auf den berühmt-berüchtigten runden Geburtstagen und Weihnachtsfeiern. Gerade im Hinblick auf jene Familienmitglieder, die man selbst nicht mehr kennengelernt hat, die verstorbenen Großeltern oder Urgroßeltern, bekommt man einen regelrechten Familienkanon zu hören. Gemeint ist das unentrinnbare Repertoire der Anekdoten, die durch gebetsmühlenartige Wiederholung dem Gedächtnis eingebleut werden, Anekdoten, die man irgendwann in- und auswendig kann und fast schon mitsingen möchte, wenn man nur die ersten Sätze hört. Diese Erzählungen wirken wie eine Gästefolter auf jemanden, der zu Besuch ist, haben aber tatsächlich einen tieferen Sinn. Denn es ist die Art und Weise, wie eine Familie ihre eigene Geschichte schreibt.

Ob diese zur Anekdote gewordenen Ereignisse sich tatsächlich so zugetragen haben, ist kaum mehr zu überprüfen. Es ist auch nicht entscheidend. Denn wir alle wissen, daß in dieser Art der familiären Geschichtsschreibung auch ein Moment der Lüge oder zumindest der Beugung von Wahrheit liegt, und zwar weniger aufgrund der harmlosen erzählerischen Zutaten und Ausschmückungen, die mit dem harten Kern der Anekdote irgendwann verschmelzen, es herrscht vielmehr Zensur oder zumindest eine starke Selektion bei der Auswahl dessen, was erzählt wird und was nicht. Insofern findet durch den Familienkanon eine geheime Familiengeschichtsklitterung statt. Auch in den erzählten Anekdoten selbst gibt es viele blinde Flecken, durchaus naheliegende Fragen, die oft nicht gestellt werden, weil ein unausgesprochener Familienkonsens darüber besteht, daß man an diese Fragen nicht rührt. So gesehen geht mit dem Familienreden immer auch ein Familienschweigen einher.

Dennoch ist der Einzelne darauf angewiesen, diese Anekdoten zunächst einmal auf- und anzunehmen. Sie sind das einzige, was er hat, zumindest hinsichtlich der großen Toten der Familie oder der »alten Zeiten« vor seiner Geburt. Meist versucht man erst viel später im Leben herauszufinden, welche dieser Geschichten, die fraglos immer weitergereicht werden und gewissermaßen eine orale Familientradition darstellen, überhaupt wahr sind. Was war wirklich so, was nicht?

Die Art und Weise der Familienlegendenbildung läßt sich – wie so vieles – am Modell der »Buddenbrooks« mustergültig ablesen. Wenn man sich anschaut, wie bei den Buddenbrooks Familiengeschichte überliefert wird, ist das erste und Auffälligste das große Familienbuch im Schreibtisch des Konsuls. Es markiert gewissermaßen den Beginn und die Vorgeschichte des Romans und dient als Referenzpunkt bei allen Wendepunkten der Geschichte: bei Tony Buddenbrooks Verlobung, bei sämtlichen Hochzeiten und Todesfällen wie auch bei Hannos kindlicher Resignation kurz vor Schluß, der unter seinem eigenen Namen einen Doppelstrich zieht mit der Begründung: »Ich dachte, es käme nichts mehr.« In diesem Buch ist der Stammbaum der Buddenbrooks verzeichnet sowie eine kleine Chronik des Werdegangs sämtlicher Familienmitglieder vom Firmengründer Johann Buddenbrook bis hin zu seinen letzten Nachkommen. Es stellt den Versuch einer Bürgerfamilie dar, sich selbst durch eine quasi feudale Genealogie zu nobilitieren. Denn ein solcher Stammbaum ist vor allem in aristokratischen Zusammenhängen üblich. Er dient dem Adel dazu, die Linie seiner Herkunft zurückzuverfolgen, von der sich per Geburt auch sein Machtanspruch ableitet, und er dokumentiert die Allianzen, die durch Hochzeitsdiplomatie und das Knüpfen von Verwandtschaftsbanden mit anderen Fürstenhäusern entstanden sind. Die Lübecker Kaufmannsfamilie macht sich diese weihevolle Form der Selbstüberlieferung zu eigen und zelebriert damit ihre Wichtigkeit. Sie wird zum »Clan«, der seine Angehörigen einerseits behütet, andererseits von ihnen auch Loyalität und persönliche Opfer verlangt, ein familiengemäßes Verhalten. Denn nach dem Selbstverständnis der Familie sind sie – mit den Worten des Konsuls – nicht bloß für sich bestehende Einzelwesen, sondern »wie Glieder einer Kette«. Entsprechend sieht sich Tony ein wenig dünkelhaft als »eine Buddenbrook«. Was das heißt, wird sie im Verlauf des Romans auf schmerzliche Weise lernen.

Die Zugehörigkeit zur Familie wird durch die »ehrwürdige Überlieferung«, durch die geradezu alttestamentarische Anmutung ihrer Genealogie in den Bereich des Legendären, Mythischen gerückt. Sie wird gleichsam auratisiert und mit Bedeutung aufgeladen. Die Familienmitglieder selbst sind in der Regel sehr anfällig für die Verbrämung ihrer Ursprünge. Doch auch jeder andere, der sich mit ihnen beschäftigt, kann dem Sog der familiären Selbstmystifizierung durch die Wieder- und Weitererzählung ihrer Geschichte erliegen. Ich erinnere mich noch sehr lebhaft daran, wie bei den Proben zur Romanbearbeitung der »Buddenbrooks« am Thalia Theater der Darsteller des Thomas irgendwann entnervt ausrief: »Mein Gott, was waren diese Buddenbrooks denn schon, Getreidehändler in Lübeck!« Und er hatte erstaunlicherweise recht. Nur daß die Buddenbrooks in ihrer Selbstwahrnehmung und Selbstdarstellung einen Nimbus angenommen hatten, der die Banalität ihres Tagwerks bis heute überstrahlt.

Die Mythisierung ihrer Vorgeschichte gehört zur Selbsterzählung der Familie, seit es sie gibt. Viele Bibelgeschichten lassen sich so lesen. Die Fabeln und Parabeln der Gottsucher und Segensträger von Abraham, Isaak, Jakob und Joseph sind im Grunde nichts anderes als mythisierte Familiengeschichte, die von den Vorvätern über die Väter, Söhne und Enkel weitergereicht wird. Sie ergibt eine imposante, ehrfurchteinflößende Ahnengalerie, umflort von religiöser Bedeutung, aber in der rauhen Wirklichkeit waren diese Männer schlichtweg Schafhirten.

Mir scheint das ein Charakteristikum von Familie als Medium zu sein: Die Familie gründet sich nicht nur als Gemeinschaft, sondern immer auch als Mythos. Ihre Selbstüberhöhung ist eine wichtige genealogische Begleiterscheinung, und sie wächst mit der Vergangenheit. Fast könnte man sagen, je länger eine Familiengeschichte dauert, je weiter die Genealogie zurückreicht, desto legendärer kommt sie daher. Auch in den Familiengeschichten von heute ist das noch zu spüren. Die erfolgreichsten Familienromane der letzten Jahre kommen bei aller Skepsis und Distanz zur Sippe um eine gewisse Überhöhung und Verklärung nicht herum. Dieser mythische Atem der Familiengeschichte ist nicht einmal ein unliebsamer Nebeneffekt, sondern ihr heimlicher Reiz. Die Figuren wachsen zu archaischer Größe, die Konflikte werden zum Exempel und erhalten gerade dadurch ihre Wiedererkennbarkeit und Übertragbarkeit auf das Leben anderer. Bei meinem Roman »Vom Wasser« habe ich diese Erfahrung in der Rezeption oft gemacht. In den Gesprächen und Briefwechseln über dieses Buch war ich immer wieder erstaunt, was für ein Ausmaß an Verwandtschaft nicht nur innerhalb, sondern offenbar auch zwischen den Familien herrscht und wie groß die familiäre Sehnsucht nach einer Selbstmythisierung ist. Dennoch muß man sich immer wieder sagen: Es sind nur Papierfabrikanten, und nicht einmal sonderlich wichtige, an zwei kleinen Flüssen in Nordhessen.

Die »Buddenbrooks« stehen für ein Generationenmodell des Erzählens: Jede neue Generation übernimmt die Vorgeschichte der Familie und schreibt sich selber darin ein, um sie dann in Form des Familienbuchs an die nächste Generation weiterzureichen. Tatsächlich aber findet Familiengeschichte nicht nur als Generationengeschichte statt, als ein Unisono der Überlieferung oder als Kanon, der in leichten Variationen immer wieder und weiter gesungen wird. Vielmehr gibt es auch Familiengeschichte in der Vielstimmigkeit und im Widerspruch. Ich möchte jetzt zu diesem anderen Modell des Familienerzählens kommen, das für mich persönlich in dem »Houwelandt« seinen Ausdruck gefunden hat. Es handelt sich um Familiengeschichte als die Geschichte ihrer Versionen. In diesem Fall funktioniert die Kanon- bzw. Konsensbildung nicht. Die Familie erzählt nicht eine einheitliche Geschichte, sondern verschiedene Versionen, die nicht übereinstimmen. Sie widersprechen sich sogar mitunter, und die Wahrheit, wenn es sie objektiv überhaupt gibt, liegt irgendwo dazwischen.

Durch die Auflösung des Familienkanons in der »Kakophonie« der Vielstimmigkeit und des Widerspruchs wird aus dem Nacheinander ein Nebeneinander von Geschichten. Es gibt keinen einheitlichen und verbindlichen Erzählstandpunkt mehr, der die Erfahrungen des Familienganzen gleichsam in einem Buch – dem Familienbuch – zusammenfaßt. Es gibt auch niemanden in der Familie, der die alleinige Erzählautorität unangefochten für sich beanspruchen könnte. Damit gerät die Hierarchie und Chronologie des Erzählens von Generation zu Generation aus dem Takt. Die Familienstimme, die für das Ganze sprechen will, löst sich auf, der Chor der Angehörigen zerfällt. Es entsteht eine Unruhe und Unordnung zwischen den Versionen, Erzählstränge überschneiden, konterkarieren oder verselbständigen sich. Aus der einen verbrieften Familienlegende werden einzelne, lose Familiengeschichten, die nebeneinander bestehen in einer Art von unfriedlicher Koexistenz. Denn meist stoßen sich die verschiedenen Versionen im Raum. Es kommt gewissermaßen zum Kampf um die auktoriale Erzählposition, um die Definitionsmacht über die Familiengeschichte, sobald die unterschiedlichen Stimmen aufeinandertreffen und sich das Wort streitig machen.

Selbstverständlich fühlt sich eine Figur wie Jorge, der Großvater in »Houwelandt«, nach alter Patriarchenart im Vollbesitz der Autorität über die Familiengeschichte, die mit ihm beginnt. Aber schon Thomas, sein chronisch unverstandener erster Sohn, revoltiert gegen die Generationen-Hierarchie des Erzählens. Er überläßt der älteren Generation nicht das Sagen und übernimmt von ihr kein einziges Wort. Vielmehr schreibt er die Geschichte aus seiner Sicht um. Dabei erstreckt sich sein Wahrheitsanspruch nicht nur über die Erzählung seines eigenen Lebens, sondern auch über das seines Vaters. Er allein glaubt zu wissen, wer und wie Jorge wirklich war. Thomas' Sohn Christian wiederum mißtraut der Version seines Vaters, macht sich seinerseits an die Recherche und kommt zu einer nochmals anderen Sichtweise usf. Die Geschichten der Generationen korrespondieren nicht, sie folgen nicht aufeinander, gehen nicht auseinander hervor, sondern verlagern den Generationenkonflikt auf die Ebene des Erzählens selbst, was eine Verständigung oder gar Versöhnung untereinander noch schwerer macht. Die Familienmitglieder sind nicht mehr zusammen in einer Geschichte, sie finden sich in den Geschichten der anderen nicht richtig wieder und sprechen einander die Erzähllegitimation ab. Die Folge ist ein familiengeschichtliches Babylon: Einstimmigkeit oder ein Konsens ist innerhalb der Familie nicht herzustellen, es bleibt beim Stimmengewirr und der Sprachverwirrung der einzelnen Mitglieder, deren Versionen nicht zusammengehen, sondern immer weiter auseinanderdriften. Denn der Widerspruch ist für alle schwer auszuhalten. Anstatt sich permanent im Raum zu stoßen, sucht sich jede Version andere Räume, andere Zuhörer, um einsam, aber unumstritten und losgelöst von den andern zu bestehen. Die Geschichten separieren sich. Auf diese Weise wird aus dem Nacheinander der Generationenerzählung ein Gegeneinander und aus dem Gegeneinander ein Nebeneinander – nicht der Akzeptanz, sondern der »Gleichgültigkeit«.

Wenn sich das Medium Familie so auffächert, ist das bereits der erste Schritt von der Vielstimmigkeit zum Verstummen. Bei den Houwelandts ist dieses Familienschweigen weit fortgeschritten. Man kann im Grunde nur konstatieren, daß die verschiedenen Stimmen es aufgegeben haben, miteinander zu kommunizieren, weil keiner mehr den Willen oder die Kraft hat, den anderen von seiner Version der Geschichte zu überzeugen. Die Einzelstimmen haben sich mehr als verselbständigt, sie haben sich voneinander losgesagt. Sie bestehen nebeneinander, ohne daß es noch ein Miteinander des Sprechens geben würde, eine Form von Austausch oder Dialog. Vielmehr ist aus dem Kanon ein einsamer Familienmonolog geworden, den jeder vor sich hinspricht.

Dieser erzählerische Befund hat sehr viel mit der Lebenssituation der Familienmitglieder, mit der Vereinzelung und – wenn das Wort erlaubt ist – Verinselung der Houwelandts zu tun. Auch das ist ein wesentlicher Unterschied zum traditionellen Generationenmodell. Die Buddenbrooks stehen für die Familie unter einem Dach, an einem Ort, dem Buddenbrook-Haus in der Mengstraße in Lübeck. Ihr Alltag ist geprägt vom Miteinander der Generationen, ihre Selbsterzählung vom Nacheinander der Geschichten, die sich nicht widersprechen, sondern zu einer bruchlosen Tradition addieren. Jede Generation fügt sozusagen ein neues Kapitel hinzu, während die Geschichten der Ahnen mit dem Erbe, der Firma, dem Inventar weitervererbt werden wie auch das Haus als familiärer Lebensraum. Eine solche Einheit des Ortes, eine derartige Gemeinsamkeit und Gemeinschaftlichkeit ist heute selten. Man lebt nicht mehr eng zusammen, man lebt sich auseinander. In »Houwelandt« hat jedes Familienmitglied seinen eigenen Ort, seine eigene Insel, und jede dieser Inseln ist weit entfernt von den Lebensräumen der anderen. Sie grenzen nicht aneinander, sie berühren sich nicht. Erst durch das unausweichliche Familienfest, durch den unwiderruflichen Anlaß gibt es wohl oder übel eine Bewegung der Einzelnen aufeinander zu, es entsteht noch einmal ein gemeinsamer Raum, in dem die verschiedenen Versionen und Stimmen zusammentreffen. Der verwaiste Familiensitz füllt sich. Doch diese Zusammenkunft ist von Unlust und Widerwillen begleitet, denn die Versionen möchten sich nicht austauschen oder den anderen von ihrer Richtigkeit überzeugen, sie können und wollen nicht mehr die eine und einzige Familienstimme werden.

Als Zeuge dieses Familienredens in verschiedenen Zungen gerät man in eine Situation, die jeder kennen dürfte, der schon einmal versucht hat, Familienstreitigkeiten zu schlichten. Man neigt dazu, immer der Partei recht zu geben, der man gerade zuhört. Redet man mit der Mutter, denkt man: Mein Gott, diese Frau hat's ganz schön schwer gehabt. Hört man dem Vater zu, denkt man: Der hatte es aber auch nicht leicht, der arme Mann. Und dann sind da noch die Kinder, die sich ungerecht behandelt fühlen, die über ein Zuviel oder Zuwenig von Aufmerksamkeit klagen, sicher auch nicht ganz zu Unrecht, und ehe man sich's versieht, wird man hineingezogen in ein Wirrwarr der Schuldzuweisungen und Vorwürfe, aus dem es kein Entrinnen gibt.

Wenn sich das Familiensubjekt derart auseinanderdividiert, verändert sich auch der Charakter der Geschichten. Anders als noch im Familienbuch der Buddenbrooks spricht nicht mehr das sich selbst überhöhende Wir, das sich im Erzählen als Gemeinschaft zelebriert und im Gewand der Chronik für die Nachwelt überliefert. Statt dessen tritt die Erzählmotivation des Einzelnen in den Vordergrund, der sich mit seiner Geschichte verteidigt und die anderen angreift. Genau das ist ja das Schwierige bei Familienstreitigkeiten, daß alle recht haben – jeder in seiner Version.

Auch beim Nebeneinander der Versionen geht das Familienreden mit dem Schweigen einher. Denn entscheidend ist nicht nur, was erzählt wird, sondern auch, was nicht. Insofern spielen wie schon bei der familiären Kanonbildung Zensur und Selektion eine große Rolle, nur daß die Geschichtsklitterung des Einzelnen nicht der Legendenbildung dient, sondern in der Regel seiner Selbstrechtfertigung. Das heißt aber auch, daß die verschiedenen Einzelstimmen sich nicht nur das Reden, sondern auch das Schweigen streitig machen. Was der eine verschweigt, bringt der andere zur Sprache. Was hier unter den Tisch fällt, wird dort aufs Tapet gebracht. Damit verschieben sich die Kausalitäten (»Weil du jenes getan hast, habe ich dieses getan«) von der einen zur anderen Version. Immer wieder gibt es eine andere Antwort auf die

Frage: »Wer verdammt noch mal hat angefangen?« Das Verhältnis von Aktion und Reaktion, die gesamte Interpunktion der Geschichte kehrt sich um. Die Täter der einen Version sind in der anderen die Opfer. Insgesamt ist die Selektivität des Wahrnehmens und Weitererzählens dermaßen subjektiv und interessengesteuert, daß man ins Grübeln darüber kommen kann, ob es so etwas wie eine Wahrheit in Familiengeschichten überhaupt gibt. Denn jeder redet und schweigt über etwas anderes.

Das liegt jedoch nicht nur am Eigensinn und Interesse des Einzelnen, sondern auch in der Natur des Erzählens selbst. Erzählen heißt selektieren: hervorheben und weglassen, beschreiben und verschweigen. Wer erzählt, trifft laufend Entscheidungen darüber, was der Rede wert ist, und schon allein dadurch bewertet er. Familienleben ist zu komplex, es findet unter zu vielen Voraussetzungen und Einflüssen statt, die allesamt darin fortwirken, als daß man es »neutral« beschreiben könnte. Schon allein die Behauptung, »hier beginnt die Geschichte, dort hört sie auf«, ist eine recht willkürliche Setzung oder zumindest eine grobe Vereinfachung. Aber ohne solche Setzungen geht es nicht. Für eine Familiengeschichte muß man das Familiengeschehen interpretieren. Die Deutung und Bewertung dessen, was passiert ist, geht seiner Erzählbarkeit voraus. Das gilt für den einigermaßen »unvoreingenommenen Beobachter« und um so mehr für das involvierte Familiensubjekt, ob es sich nun um das Wir des Generationenkanons handelt oder um die Einzelstimme mit ihrer Version. In beiden Erzählmodellen – dem Nacheinander wie dem Nebeneinander der Familiengeschichten – interpretiert sich Familie, wertet und gewichtet das Geschehen, sie erfindet nicht die Ereignisse, wohl aber ihren Zusammenhang und Sinn. Insofern ist die erzählende Familie immer auch eine sich erfindende Familie. Ihre Selbstinterpretation beinhaltet immer auch ein Moment von Fiktion. Im Nacheinander der Generationen erfindet sie sich als gemeinschaftlichen Mythos, im Nebeneinander der Versionen als Geschichte des gerechtfertigten Selbst.

## *III.*

Vor der Komplexität des Familiengeschehens und der Notwendigkeit, es zu deuten, steht nicht nur das erzählende Familiensubjekt, sondern auch der Romanautor. Damit komme ich zum dritten und letzten Teil, zum Familienroman und der schriftstellerischen Arbeit am lebenden Sujet.

Das Genre Familienroman galt lange Zeit als verpönt, da es vielen zu altmodisch, zu rückwärtsgewandt und vor allem zu privatistisch erschien. Dabei stellt sich bei einem komplexen Phänomen immer die Frage, welche Schicht der Geschichte hebt man hervor? Wenn man sich als Urmodell des bürgerlichen Familienromans die »Buddenbrooks« anschaut, dann kann man dieses Buch psychologisch oder sozialhistorisch lesen, als Bibel des Bürgertums oder als Kaufmannsroman, als Panorama vergangener Zeiten oder als eine brutale Geschichte der Ökonomie. In keinem Roman der Weltliteratur wird so viel und mit so spitzer Feder gerechnet wie in den »Buddenbrooks«. Der »Verfall einer Familie«, wie Thomas Mann den Roman im Untertitel nennt, ist gleichzeitig der Verfall einer Firma. Der Roman erzählt eine Abstiegsgeschichte: Von Beginn an müssen die Buddenbrooks Angst haben – vor der Deklassierung, vor dem Verlust ihres Wohlstands, vor dem Untergang ihrer Werte. Das beschleunigte, immer riskantere Geschäftsleben scheint an ihnen vorbeizuziehen. In einer Zeit, in der »jeder Krämerladen sich binnen weniger Jahre zu einer angesehenen Großhandlung entwickeln kann«, fällt das Traditionsunternehmen Johann Buddenbrook immer weiter zurück.

Liest man das Buch genau, verliert der Begriff »Familienbetrieb« seinen heimeligen Klang. Die Familie Buddenbrook ist eine Gesellschaft mit unbeschränkter Haftung, ihre Mitglieder stehen mit ihrem ganzen Leben für dieses Unternehmen ein. Wenn es der Firma gut geht, geht es der Familie gut, wenn die Geschäfte kriseln, kriselt die Familie. Die Begriffe Firma und Familie sind geradezu austauschbar. Die Trennung von Beruf und Privatleben existiert nicht, Geld- und Gefühlssachen vermischen sich unentwegt, bei jeder Verlobung, jeder Heirat, jedem Mitgifthandel. Und wenn es nicht um bare Münze geht, geht es, zugespitzt gesagt, um die Maximierung des familiären Humankapitals.

Es ist bei näherer Betrachtung einigermaßen erstaunlich, daß gerade die »Buddenbrooks« oft als Paradebeispiel des nostalgischen Familienromans verstanden werden, als Abgesang auf eine großbürgerliche Lebensform, ein wenig wehmütig, ein wenig ironisch, aber letztlich unpolitisch. Dabei sind diesem Text auch ganz andere Lesarten eingeschrieben. Denn wie jede Familie sind die Buddenbrooks mit dem politischen und wirtschaftlichen Leben ihrer Zeit unlösbar verbunden. Der Mikrokosmos Familie ist eben keine in sich geschlossene und aus sich heraus zu verstehende, heile oder unheile Welt. Wer sie darauf verengt, der erliegt der familienideologischen Illusion, die man im bürgerlichen Leben selbst gerne glauben möchte, der Trennung von Politischem und Privatem, von Ökonomie und Intimität. Diesem Wunschdenken zufolge ist die Familie ein Schutzraum, ausgenommen von den Härten des Geschäftslebens und den korrumpierenden Einflüssen der Zeit. In der Familie ist man Mensch, da darf man sein. Diese Utopie von der Familie als dem Ort der Eigentlichkeit und dem Glück im Winkel, abseits des großen, grausamen Weltgeschehens, wird in den »Buddenbrooks« geradezu exemplarisch demontiert. Firma und Familie, Geld und Gefühl stehen in einem fatalen Zusammenhang, es kommt eben nicht allein auf den »Menschen« an, sondern auch auf dessen Lebensbedingungen.

Nicht nur aufgrund ihrer Bürgerlichkeit, sondern auch wegen ihrer ökonomisierten Existenz sind die Buddenbrooks noch immer ein Paradigma. Familie – so wie wir sie kennen – ist nicht nur, aber auch ein Unternehmen, ein »Haushalt«, und zwar im prosaischsten materiellen Sinne. Das Leben der familiären Gemeinschaft ist geprägt von wirtschaftlichen Zwängen und Notwendigkeiten: Hat sie Geld? Wenn ja, wieviel? Wie wird gearbeitet und von wem? Welche Form von Arbeitsteilung wird praktiziert? Wie wird die Kindeserziehung organisiert oder delegiert? Wer bestimmt über den Familienetat und trifft die Kaufentscheidungen? Entscheidet er allein oder in Aushandlung mit den anderen Familienmitgliedern? Es ist ein Trick der bürgerlichen Ideologie, so zu tun, als spiele Geld keine Rolle, als wären Berufs- und Familienleben zweierlei. Tatsächlich sind Familien auch als Wirtschaftsgebilde lesbar und verstehbar, und vieles erklärt sich überhaupt erst durch diesen ökonomischen Blick.

Jede Familie ist geprägt von der Zeit, der Gesellschaft, von den politischen und wirtschaftlichen Verhältnissen, unter denen sie sich entwickelt. Die Geschichte einer Familie spiegelt nicht nur die große Weltgeschichte bzw. die Geschichte eines Landes, sie stellt auch die menschliche Ebene dar, auf der sich große Geschichte am konkretesten, greifbarsten und oft auch am schmerzlichsten vollzieht. Hier hört sie auf, reine Statistik zu sein. Diese zeitgeschichtliche, politische oder gesellschaftliche Dimension ist Teil jedes Familiengeschehens, und es liegt im Ermessen, in den

Erzählentscheidungen des Autors, sie herauszuarbeiten und zur Geltung zu bringen.

Gerade für deutsche Familiengeschichten gilt das in besonderem Maße. Das 20. Jahrhundert läßt sich als das »deutsche Jahrhundert« der Weltgeschichte beschreiben. Von keinem anderen Land ging in jener Zeit eine größere historische Unruhe aus, um nicht zu sagen, ein solches Maß an Katastrophen. Dieser geschichtliche Umstand ist an keiner Familie spurlos vorübergegangen. Es ist also nicht verwunderlich, daß deutsche Familiengeschichten bis heute geprägt sind vom Thema der Vergangenheitsbewältigung, und zwar nicht nur im privaten, sondern vor allem im historisch-politischen Sinn. Die Gretchenfrage an die Eltern oder Großeltern lautet dabei: »Wie hieltst du's mit der NSDAP?« Diese Frage – die Frage der historischen Schuld oder Unschuld – hat deutsche Familiengeschichten sehr bestimmt.

Im Fokus der ersten großen Welle der Vergangenheitsbewältigungsliteratur stand das langgehegte Familienschweigen der Post-Nazi-Zeit. Im Zuge von '68 machten sich, pauschal gesagt, die Söhne und Töchter daran, das große Tabu zu brechen und dem Schweigen ihrer Väter und Mütter ein Ende zu bereiten. Sie haben Antworten gefordert und eine Stimme gesucht, um die lückenhaften, selbstzensierten Familiengeschichten zu erzählen. Es war die Stunde der Enthüllungsgeschichten, Anklagen und Ursachenforschungen, die sich der verschwiegenen Zeit zwischen 1939 und 1945 ebenso obsessiv widmeten, wie sie zuvor verdrängt worden war. Allerdings hat dieser extreme Umbruch in den Familienromanen deutscher Prägung auch dazu geführt, daß Familiengeschichten sehr auf die Schuldfrage verengt wurden: Wer hat den Faschismus in die Familie hineingeholt? Wer hat während der Nazi-Zeit Schuld auf sich geladen? Wer hat sich und uns schuldig gemacht? Darum drehte sich alles.

Diese Fragestellung war historisch überfällig und notwendig. Sie war keineswegs privatistisch. Doch auch sie bedeutete eine spezielle Reduktion von Komplexität, eine Art der Vereinfachung, die möglicherweise ein Grund für die Abkehr vom Familienroman in den späten 80er Jahren war. Denn durch die weitgehend monokausale Herleitung allen Übels von den Sündenfällen der Nazi-Zeit hat sie die Familie als Ort der Ambivalenz aufgelöst. In dieser Widersprüchlichkeit von Familie liegt aber meines Erachtens die besondere Vitalität des Sujets: Familie ist nicht einfach, sie ist gekennzeichnet durch das Ineinander von Liebe und Haß, Nähe und Enge, Geborgenheit und Gefangenschaft. Angesichts der Monstrosität der Schuld der Mittäter oder Mitläufer von damals war für Differenzierungen wenig Platz. Darüber hinaus kannte die Schuldfrage nur eine einzige Richtung, sie kam von den Eltern bzw. Großeltern auf die Kinder bzw. Enkel herab. Sie war ausschließlich Erbe und keine innerfamiliäre Wechselwirkung.

Heute, einige Generationen danach, wissen wir, daß selbst in einer politisch relativ ruhigen Zeit so etwas wie Schuld oder Unschuld in einer Familie entsteht – nicht in derselben historischen Dimension, wohl aber mit ähnlich formenden und deformierenden Einflüssen für den Einzelnen. Die Klagen und Vorwürfe haben nicht aufgehört, sie sind nur komplexer geworden, undurchschaubarer und vor allem wechselseitig, zwischen Eltern und Kindern, Ehepartnern und Geschwistern. Jeder kann an jedem schuldig werden. Denn auch das ist Familie, Zärtlichkeitsinsel und Kampfzone zugleich, Schoß der Geborgenheit und Schule der Verletzungen.

Charakteristisch für Familiengeschichten hierzulande ist überdies die Vielzahl toter Angehöriger, großer Abwesender, die aus einem der beiden Weltkriege nicht heimgekehrt sind oder Bombenangriffen zum Opfer fielen. Es wurde viel und früh gestorben. Darüber hinaus haben Flucht und Vertreibung viele Lücken und Bruchstellen in der Genealogie hinterlassen. Erbe ging verloren, Herkunftszusammenhänge wurden getrennt und Verwandtschaftsbeziehungen zerschnitten – nicht erst durch den Bau der Berliner Mauer. Gerade deutsche Geschichte war in einem besonders empfindlichen, grausamen Maße immer auch Familiengeschichte.

Entsprechend findet man in den Großvater-, Vater- und Sohntypologien, in den Rollenbildern der Großmütter, Mütter und Töchter eine ganze Reihe von Merkmalen, die zeitbedingt sind und gesellschaftlich vorgeprägt. Man trifft – schematisch gesprochen – auf die autoritären Großväter der Familienrestauration nach '45, auf die liberalen Väter im Zuge von '68, auf die Söhne des Individualismus, die lange nach Orientierung suchen und am Ende nicht selten wieder konservativer auftreten als die eigenen Eltern. Entlang der weiblichen Linie begegnen einem die resoluten Trümmerfrauen und sich aufopfernden Großmütter, die Mütter des Pillenknicks, die in gewisser Weise ihr Emanzipationsthema durchgefochten haben, und deren Töchter, die lange Zeit vielleicht so aufwachsen wie Söhne, in weitgehender Gleichberechtigung, denen aber das Multi-Tasking der Freiheit und die hohen Ansprüche an sich selbst auf die Dauer sehr viel abverlangen.

Jeder Typus ist ein Produkt seiner Zeit, es handelt sich sozusagen um gesellschaftliche Schablonen, denen im wirklichen Leben selbstverständlich kein Mensch komplett entspricht. Denn es sind eben nicht nur diese sozio-typischen Einflüsse, sondern auch unzählige andere Faktoren – äußere und innere –, die einen lebendigen Menschen zu dem machen, was er ist. Insofern läßt sich jedes Familienmitglied unter ganz unterschiedlichen Gesichtspunkten betrachten und beschreiben. Je nachdem, welchem Erzählinteresse man folgt, ergibt sich immer auch ein etwas anderes Bild dieses Menschen, wobei ihm einige Beschreibungen sicherlich näherkommen als andere, aber keine voll und ganz gerecht wird. Denn was für die Schichtungen einer Familiengeschichte gilt, gilt um so mehr für jede Figur des Familienensembles: Es handelt sich um komplexe Charaktere in einander überlagernden Kontexten von Familie, Beruf, Gesellschaft und Zeitgeschichte. Um von diesen Menschen zu erzählen, muß ein Autor ihre Komplexität reduzieren. Er muß vereinfachen und verdichten, in der Hoffnung, das Wesentliche zu treffen und auf den sprachlichen Punkt zu bringen. Und dennoch wird es so sein, daß diese Figur mindestens ebensoviel über den Autor erzählt wie über den oder die Menschen, die dafür als Vorbild dienten. In den Entscheidungen der Beschreibung spiegelt sich der Schreibende, der sich in jeder Figur ein Stück weit selbst porträtiert.

Damit will ich keineswegs behaupten, daß ein Autor ohnehin nur über sich schreibt. Ganz im Gegenteil. Das vitale Interesse beim Schreiben liegt für mich in der Selbstüberschreitung, in dem unablässigen Bemühen, den anderen bzw. das andere zu erkennen und sich selbst durch die Erkenntnis der eigenen Grenzen. Worauf ich mit dem Hinweis auf die Ich-Anteile des Autors in seinen Romanfiguren hinauswill, ist die ästhetische, poetologische Notwendigkeit, daß man einen Menschen immer auch ein Stück weit erfinden muß, um ihn zu charakterisieren. Wer er ist, zeigt sich eben nicht nur darin, was er tatsächlich gesagt und getan hat, sondern auch in dem, was er gesagt und getan haben könnte. Zum Sinn-Bild einer Person gehört das Spektrum ihrer Möglichkeiten genauso wie die Dimension der Wirklichkeit, und nicht selten charakterisieren diese Möglichkeiten sie klarer, schärfer, stimmiger als das diffuse Einerlei des Alltags. Wozu ein Mensch fähig wäre, was ihm zuzutrauen ist, wie er unter diesen oder jenen Umständen handeln würde –, all das sind wichtige Parameter eines Charakterbilds, auch wenn es der Zufall will, daß diese Umstände in Wirklichkeit niemals eintreten. Ein konditionales, konjunktivisches Element ist in jeder Personenbeschreibung enthalten, und wenn wir uns die Frage stellen, wie würde xy unter diesen Bedingungen reagieren, fragen wir uns zwangsläufig immer auch: »Wie würde ich unter diesen Bedingungen reagieren? Was würde ich tun, wenn ich er oder sie wäre?«

Ohne den Faktor Fiktion, ohne ein Gespür für das, was sein könnte, ist die Welt nicht zu verstehen, nicht zu beschreiben. Um die Menschen, die uns begegnen, einschätzen und beurteilen zu können, spielen wir ihre Möglichkeiten durch, imaginieren sie in dieser oder jener Situation und machen uns über jede Wirklichkeit hinaus eine Vorstellung von ihnen. Wir müssen sie erfinden, um sie zu erkennen, und erkennen, um sie zu erfinden. Und dabei gehen wir notgedrungen von uns selbst aus. Bei aller Neugier auf das Fremde, Unverständliche der Realität erfinden wir den anderen immer auch nach dem eigenen Bild.

Das Erfinden von Figuren ist nicht dem Roman vorbehalten, sondern geschieht auch in der Realität, insbesondere im familiären Kontext. Wie schon erwähnt, ist gerade die deutsche Familiengeschichte eine der Lücken, Teilungen und Brüche. Die großen Toten, die Abwesenden und Fehlenden einer Familie sind jedoch nicht einfach nur weg – sie sind als Phantom durchaus präsent, sei es in Form von verblichenen, alten Fotografien, verwaisten Zimmern, Möbeln, Briefen, sei es als Anekdote, Legende oder als Schweigen. Die Leerstellen innerhalb einer Familie werden in der Phantasie besetzt. Und nicht selten werfen diese Abwesenden längere Schatten, nehmen eine größere Bedeutung an als die vertrauten Gestalten des Alltags.

Für mich persönlich jedenfalls waren meine Großeltern sehr wichtige Figuren, obwohl ich sie, sowohl väterlicher- als auch mütterlicherseits, nie richtig kennengelernt habe. Gerade die Abwesenden waren die Familienmitglieder, die mich am meisten beschäftigt haben. Von ihnen hatte ich nur ein paar Bilder im Fotoalbum, ich kannte sie vor allem aus Erzählungen und mitunter widersprüchlichen Geschichten, aber sie waren für mich dennoch gegenwärtig, spürbare Größen und in gewisser Weise Teil unseres Familienlebens. Denn das Wissen oder die Vorstellung davon, wer und was sie waren, hat mein Selbstgefühl und Selbstverständnis nachhaltig geprägt und beeinflußt.

Nach dem Erscheinen von »Houwelandt« hatte ich eine ausführliche Korrespondenz mit einem Abiturienten, der sich über jeden schulischen Rahmen hinaus mit dem Roman auseinander setzte. Nach einer ganzen Reihe langer E-Mails stellte sich heraus, daß er der Sohn einer alleinerziehenden Mutter war. Ich habe ihn daraufhin gefragt: »Aber warum interessierst du dich dann so für diesen Roman, wenn er doch die Geschichte einer vollständigen und Vater-dominierten Familie erzählt?« Seine Antwort war genauso einfach wie schlagend: »Eben darum.« Dieser Junge war hochgradig damit beschäftigt, seine Familie zu erfinden, und zwar die ganze – nicht nur, wie sie hätte sein können, sondern auch, wie sie nach seinem Empfinden wirklich war.

Am Beispiel der Familienphantome tritt das Erfinden von Figuren besonders deutlich zutage. Wir entwerfen und erfinden aber nicht nur die großen Abwesenden einer Familie, sondern auch die Menschen, die uns umgeben. Wir machen uns ein Bild von ihnen und glauben zu wissen, wer und wie sie sind. Doch dieses Bild ist oft sehr korrekturbedürftig und verrät mitunter mehr über uns als über die fraglichen Personen. Wir müssen es immer wieder revidieren und damit auch die Geschichten, die wir von diesen Menschen erzählen. Der Korrekturbedarf kommt aus zweierlei Richtungen: Zum einen gibt es Dinge, die wir über die Betreffenden nicht wissen und die unser Bild von ihnen verändern, sobald wir davon erfahren, zum andern verändern wir uns selbst, unser Standpunkt wandert durch die Zeit und wandelt sich durch eine Vielzahl von Erfahrungen. Unser Blickwinkel ist nicht mehr derselbe und zwingt uns, auch unser Bild der anderen zu korrigieren.

Hierzu wieder ein Beispiel, ein sehr konkretes: die eigenen Eltern. In meiner Erzählung »Hotel Angst« geht es um einen Sohn, der sich nach dem Tod seines Vaters auf die Suche nach dessen nichtgelebtem Leben macht. Er spürt den Träumen und Projekten nach, die sein Vater nie verwirklicht hat, und reist zu dem Ort, der für seinen Vater immer ein Sehnsuchtsort geblieben ist, Bordighera, ein Badeort an der ligurischen Küste und in diesem Ort ein Hotel namens »Angst«. Ausgangspunkt dieser Geschichte ist die erschreckende Erkenntnis, daß wir von den Träumen gerade der Menschen, die uns am nächsten und vertrautesten scheinen, oft am wenigsten wissen. Es ist, als würde uns die Wirklichkeit, der Alltag, den Blick auf die Traumseite dieser Menschen verstellen. Bei den eigenen Eltern ist diese Tendenz besonders ausgeprägt, weil wir sehr lange in der kindlichen Annahme leben, daß sie das sind, was sie für uns sind. Wenn sich dann herausstellt, daß auch sie mitunter ganz andere Träume und Vorstellungen von sich und ihrem Leben hatten, kann das erschütternd sein. Denn diese phantastische Dimension ihrer Existenz ist uns meist nicht nur unbekannt, wir kommen möglicherweise nicht einmal darin vor. Eltern sind eben nicht diese festen, unwandelbaren Bezugsgrößen, wie Kinder sie gerne hätten, sondern haben auch ihre verborgenen Seiten und führen neben dem Alltag ein Doppelleben der Phantasie (und manchmal nicht nur in der Phantasie). Unser kindliches Bild von ihnen war – wie sich im nachhinein herausstellt – zu einfach, zu sehr von unseren eigenen Bedürfnissen geprägt. Wir haben ihnen in unserer Vorstellung eine Stabilität gegeben, die sie in Wirklichkeit nicht hatten, jedenfalls nicht so kampf- und fraglos, wie wir glaubten. Entsprechend müssen wir unser Bild korrigieren. Wir hatten unser halbes Leben mit völlig anderen Menschen zu tun.

Und damit sind wir auch schon bei uns als Betrachter. Auch unser Standpunkt steht nicht fest, sondern verschiebt sich mit der Zeit. Wenn man die Geschichte seiner Eltern mit sechzehn erzählt, ist es eine andere als mit dreißig. Und sobald man eigene Kinder hat, verändert sich der Blick auf die Eltern und ihr Verhalten noch einmal radikal. Man sieht ihre gesamte Geschichte auf einmal nicht mehr (nur) aus der Sohnes- oder Tochterperspektive, sondern (auch) aus der Elternsicht. Man versteht ihr Verhalten besser, bewertet es vielleicht sogar völlig anders als in jungen Jahren und heißt auf einmal Maßnahmen gut, die man jahrzehntelang kritisiert hat. Wir müssen unser Bild von ihnen revidieren, weil wir auf einmal mehr über uns wissen und unsere einfachen Deutungen, die Eindeutigkeiten von damals, nicht mehr aufrechterhalten können.

Ich beschreibe Erfahrungsprozesse als Erfindungsprozesse und hebe die subjektiven Leistungen des Deutens, Entwerfens und Sinnstiftens hervor, um zu zeigen, daß nicht nur der Autor, sondern auch der Nichtautor permanent Vorstellungen von Menschen produziert, die mehr im Bereich des Möglichen als in der Wirklichkeit angesiedelt sind. Schon wenn wir jemandem zum ersten Mal begegnen, läuft in unserm Hinterkopf ein Film von Assoziationen, Erinnerungen und Zukunftsprojektionen ab, die unsere Einschätzung dieser Person und unser Verhalten ihr gegenüber bestimmen. Die Wirklichkeitsbasis dafür ist hauchdünn, manchmal nur ein Augenblick, aber unser Möglichkeitsentwurf ist mitunter zeitenübergreifend. In der Realität wie im Roman gehen wir mit Bildern von Personen um, und der Prozeß der Verfertigung dieser Sinn-Bilder ist zumindest wesensverwandt, wenn nicht sogar weitgehend identisch. In beiden Fällen wird ein Material aus Eindrücken und Erfahrungen strukturiert, selektiert und zu einem Charakterbild zusammengesetzt, und so lebensnah dieses Bild auch immer scheinen mag, es trägt den Stempel desjenigen, der es entworfen hat, es ist geprägt von seiner Lebenserfahrung, seinem Verständnis oder Unverständnis und seinen eigenen Interessen. Der Unterschied zwischen Literatur und Leben, zwischen Fiktion und Realität liegt nicht darin, daß das Erfinden einer Figur etwas völlig anderes ist als das Erkennen eines wirklichen Menschen, vielmehr wird nur das Ergebnis dieses Prozesses – das Bild der Figur bzw. des Menschen – in einen anderen Kontext gestellt. Fiktion ist nichts anderes als ein geschützter Rahmen für Erfahrungen und Erkenntnisse von und über Menschen, deren Geschichten erzählt werden können, ohne daran gemessen zu werden, ob sie sich wirklich so zugetragen haben und ob diese Menschen genau so waren – entscheidend ist, ob sie so hätten sein können und als Beispiel dessen, was möglich ist, über sich hinausweisen. Das heißt, die Charakterbilder eines Romans sind von den Korrektur- und Revisionszwängen der Wirklichkeit ausgenommen. Sie unterliegen nicht der Überprüfung durch die Wahrheit der Fakten, sondern durch die Wahrhaftigkeit der Erfahrung.

Wir erzählen also eigentlich immer, wir deuten und verdichten unsere Familiengeschichte, ob wir nun einen Roman darüber schreiben oder unsere Geschichte nur als Gedanken in uns tragen. Wir erfinden und entwerfen nicht nur uns selbst und unsere Zukunft, wir erfinden auch unsere Vergangenheit. Nicht nur die Familie, die wir möglicherweise gründen wollen, sondern auch die Familie, die wir erfahren haben, ist eine erfundene. Wir deuten und interpretieren sie immer wieder neu, immer wieder anders, je nachdem, welchen Blickwinkel wir von unserem durch die Zeit wandernden Standpunkt aus haben. Verglichen damit ist der Familienroman nur insofern »frei erfunden«, als wir an die Figuren und Geschichten in der Fiktion nicht den Maßstab des Faktischen anlegen müssen. Sie sind »frei« erfunden im Unterschied zu den an die Wirklichkeit rückgekoppelten Erfindungen des Lebens, die den Korrekturen der Realität unterliegen. Sie sind aber keineswegs frei »erfunden« im Gegensatz zur Erfahrung, da es – meines Erachtens – keine Erfahrung ohne Erfindung gibt und ohne Erfahrung keine Erfindung.

Das soll keineswegs heißen, daß der Autor eines Familienromans alles, worüber er schreibt, selbst erlebt haben muß. Im Gegenteil. Die Frage nach dem Autobiographischen, die beim Familienroman generalverdachtsartig gestellt wird, ist nur insofern legitim, als sie sich der Erzählautorität des Autors versichern will: Weiß dieser Mensch, wovon er spricht? Verfügt er über genügend Erfahrung, um diese Geschichte zu erzählen? Sie ist aber fehl am Platz, wenn es darum geht herauszufinden, ob die konkrete Geschichte sich so und nicht anders zugetragen hat und ob die Figuren des Romans wirklichen Menschen entsprechen. Denn damit wird das Spielfeld der Fiktion verlassen und eine Rückkopplung an die Realität versucht, die den Schutzraum der Literatur verletzt. Entscheidend für einen guten, relevanten Familienroman ist eben nicht die Wirklichkeitsentsprechung, sondern die Erfahrungsdichte, die er gerade durch die Freiheit von der reinen Historie erreicht.

Ich will nicht bestreiten, daß gewisse Schlüsselloch-Effekte und ein gerüttelt Maß an Voyeurismus zur Popularität des Familienromans beigetragen haben. Man hat das Gefühl, hinter die Fassaden zu schauen, und delektiert sich sozusagen an den Leichen im Keller der Nachbarn. Aber diese Attraktion ist eine äußerst flüchtige, die schon nach wenigen Jahren niemanden mehr wirklich auf- oder erregt. Entscheidend für einen guten Familienroman ist nicht, daß der Autor die Geschichte erlebt hat, sondern daß der Leser sie erlebt. Und dieses Wunder von Literatur, daß sie Medium sein kann für die Vermittlung von Erfahrung, wird möglich durch die Verwandtschaft von Leben und Lesen, Begreifen und Beschreiben. Es wird denkbar, wenn man sich klarmacht, wieviel Erfindung zur Erfahrung als solcher gehört, wie verwandt die Prozesse sind, durch die man zu einer Romanfigur bzw. zum Bild eines Menschen kommt, und wieviel Erfindung nicht nur in dem Familienensemble eines Romans steckt, sondern auch in der Vergangenheit, Gegenwart und Zukunft der Familien, in denen wir leben.

## Epische versus dramatische Zeit

Dieser vierte Teil ist zugleich der letzte dieses Buches, und ich erwähne das nicht nur aus Wehmut, sondern weil damit das Ende in den Blick rückt. Eine solche finale Perspektive und die zeitliche Bewegung des Terminierens gehören zum Thema, denn es geht um epische versus dramatische Zeit. Beide Zeiteinstellungen haben eine besondere Beziehung zum Ende und bewegen sich auf ihre Art darauf zu, in gewisser Weise ist jede Strukturierung von Zeit eine Spielform des Endens. Dabei möchte ich der Frage auf den Grund gehen: Was ist eigentlich epische bzw. dramatische Zeit? Was für ein Zeitgefühl oder Verhältnis zur Zeit ist damit gemeint? Was charakterisiert die epische Haltung zum Leben im Gegensatz zur dramatischen? Wie kann man diese verschiedenen Prinzipien genauer beschreiben, anhand welcher Merkmale kann man sie unterscheiden? Und was haben sie sowohl im Leben als auch auf der ästhetischen Ebene für eine Bewandtnis?

### *Epiker versus Dramatiker*

Ich möchte mit dem Aspekt der Lebenszeit bzw. gelebten Zeit beginnen und erst einmal grob skizzieren, was dem einigermaßen aufmerksamen Beobachter an epischen und dramatischen Lebenseinstellungen begegnet. Zunächst scheint es fast eine Frage des Typs zu sein: Menschen, die eine eher dramatische Haltung zum Leben einnehmen, unterscheiden sich bis in die Körperhaltung, den Muskeltonus, die physische Anspannung von solchen, die mehr zum Epischen neigen. Geschwindigkeit oder Schwere, Unruhe oder Ruhe, Leidenschaftlichkeit oder Gelassenheit sind recht offensichtliche, wenn auch oberflächliche Unterscheidungsmerkmale zwischen dramatisch bzw. episch veranlagten Menschen. Die einen reagieren heftig und vehement auf alles, was ihnen begegnet, sie sind emotional leicht entflammbar, begeistern sich schnell und verzweifeln leicht – oft bezeichnet man sie auch als »Drama-Queen« oder spricht davon, daß sie »Theater machen«. Ihre Erregtheit und Atemlosigkeit steht im Gegensatz zur Gemächlichkeit und dem epischen Atem der anderen, die sich am liebsten zurücklehnen, beobachten, Rückschau halten oder weit ausholen und damit den Moment, den Augenblick in dem Maße vergleichen und verkleinern, wie ihn die Melodramatiker des Lebens vergrößern und absolut setzen. Letztere steigern sich, wie man so sagt, in alles hinein, stellen eine unmittelbare Nähe zwischen sich und sämtlichen Ereignissen her, beziehen die Dinge auf sich, während der Epiker eher aus einer gepflegten Distanz auf das Geschehen blickt und sich der Unmittelbarkeit des Betroffenseins dadurch entzieht, daß er vergleicht, relativiert und die Sache von verschiedenen Seiten betrachtet. Seine Zeitgenossenschaft besteht nicht in emotionaler Interaktion, Parteinahme oder Identifikation mit dem Neuesten. Vielmehr verfügt er über einen großzügigen Resonanzraum, worin das, was hier und jetzt passiert, ein Echo von Erinnerungen, Assoziationen, Parallelgeschichten und Nebengedanken auslöst. Er reagiert auf die Tagesaktualitäten nicht mit Intensität, sondern mit Extensivität, mit einer gewissen inneren Ausdehnung, nicht mit Verschmelzung. Nie käme so jemand auf die Idee, sich an die Ereignisse gleichsam ranzuschmeißen und die Amplituden der Sensation, die Höhen und Tiefen der medialen Fieberkurven mit zu durchleben. Die Frage also, ob jemand eher ein Epiker oder ein Dramatiker ist, scheint zunächst einmal eine Frage des Temperaments oder Naturells zu sein.

Die Unterscheidung »episch oder dramatisch« gilt aber nicht nur für verschiedene Typen von Menschen, sondern auch für verschiedene Haltungen oder die Widersprüche innerhalb einer Person. In meinem Roman »Beste Jahre« geht es u. a. um einen Schauspieler, der seine gesamte verlängerte Jugend im Theater erlebt und ausgelebt hat – auf der Bühne, in der Kantine oder auf der Besetzungscouch. Doch die wilden Jahre sind vorbei. Und mit der Zeit stellt er fest, daß seine dramatische Energie spürbar nachläßt. Er empört sich seltener, seine Erregbarkeit nimmt ab, alles deutet darauf hin, daß er älter, ruhiger wird, und mit dem Älterwerden verschwindet der dramatische Impetus zusehends aus seinem Leben. Seine Weltsicht verwandelt sich immer mehr in eine epische. Diese Veränderung empfindet er zunächst als angenehm, denn das Abklingen des dramatischen Impulses erlaubt es ihm, sich bisweilen mit großväterlicher Gelassenheit zurückzulehnen, das Leben Revue passieren zu lassen und sich nach all den Jahren des Nahkampfs mit der Welt in einer recht behaglichen Distanz einzurichten. Und so könnte der Roman seines Lebens friedlich vor sich hinplätschern, wenn ihn nicht das Dramatische wieder einholen würde.

Was aber ist eigentlich dramatisch, was macht eine dramatische Lebenseinstellung aus?

Von ihrem biographischen Ort her scheint sie zunächst einmal eng verbunden mit der Erfahrung von Jugend oder wenigstens Jugendlichkeit. Das zeigt sich nicht zuletzt darin, daß die meisten Dramatiker auf dem Höhepunkt ihres Schaffens wirklich jung waren, während die Romanciers in einem Alter als »Jungautoren« gefeiert werden, in dem die Dramatiker in der Regel schon tot sind. Der typische Theaterautor hat seine produktivste

Zeit Anfang bis Mitte Zwanzig und stirbt möglichst noch vor Vollendung seines dreißigsten Lebensjahres, also dann, wenn sich der Epiker überhaupt erst ernsthaft an den Schreibtisch setzt. Die Liste der früh verstorbenen Dramatiker ist lang und namhaft: Kleist, Büchner, Horváth zum Beispiel, oder in jüngerer Zeit Werner Schwab. Es gibt auch viele, die als Dramatiker früh gestorben sind, aber physisch durchaus weitergelebt haben wie beispielsweise Tennessee Williams, der nach seinen frühen Erfolgen »Endstation Sehnsucht« und »Die Katze auf dem heißen Blechdach« keinen Wurf von vergleichbarer Größe mehr zustande gebracht hat. Desgleichen John Osborne, der sich eines langen Lebens im Schatten seines Frühwerks »Blick zurück im Zorn« erfreute. Sofern das Ende des Dramatikers nicht auch das Ende des jeweiligen Schriftstellers bedeutet, verändert sich der Rhythmus des Schreibens: Nach der Stücke-Explosion der ersten Autorenjahre sprühen die dramatischen Funken sporadischer, unterbrochen durch andere literarische Arbeiten und Formate wie bei Schiller oder Goethe, dessen Spätwerk »Faust II« geradezu eine Auflösung des Dramatischen durch lyrisch-epische Ergüsse und akademische Exkurse darstellt.

Natürlich ist die Gleichung Drama = Jugend eine Regel mit zahlreichen Ausnahmen: Brecht war lebenslang Theatermann, Molière desgleichen, Shakespeare – soweit man weiß – ist zwar nach einer intensiven Theaterzeit als Schauspieler und Schriftsteller in literarische Frührente gegangen und verstummt, soll zu diesem Zeitpunkt aber bereits ein reiferer Herr gewesen sein. Eines haben diese dramatischen Dauerbrenner jedoch gemeinsam, sie alle haben nicht nur als Autoren, sondern auch als Schauspieler, Regisseure und Direktoren unmittelbar im Theater gearbeitet und gehörten Ensembles an. Das Dramatische war nicht nur ihr schriftstellerischer Antrieb, sondern für geraume Zeit ihre Lebensform, was vielleicht erklärt, daß sie sich bei aller Reife eine gewisse Berufsjugendlichkeit bewahren konnten.

Selbstverständlich soll damit nicht ausgeschlossen werden, daß ein Sechzigjähriger ein bahnbrechendes erstes Stück schreibt. Schließlich ist Jugend nicht gleich Jugend und Alter nicht gleich Alter. Das »Dramatische« ist vielmehr eine Form des Konflikterlebens und -gestaltens, in dem sich Chaos und Ordnung, Struktur und Katastrophe hart im Raum stoßen, unversöhnlicher und dichter gedrängt als in der Breite und Weite des Epischen. Diese jugendlichen oder »jugend-ähnlichen« Auf- und Umbruchssituationen, diese Kämpfe zwischen Selbstbehauptung und -zerstörung, Befreiung und Vernichtung ohne die mindeste Sicherheit, ohne jeglichen Halt sind nicht an biographische Jahreszahlen gebunden, sondern können immer wieder im Leben auftreten. Doch in der Jugend begegnen sie einem meist zum ersten Mal. Und dieses Moment der Erstmaligkeit ist für die Wucht und Wirkung der Konflikte, für ihre Dramatik von großer Bedeutung.

Das »erste Mal« ist das Vorzeichen, das einem Konflikt seine Dramatik verleiht. Umgekehrt kann man den dramatischen Konflikt eines jeden Stückes entschärfen, indem man ihn unter der Annahme betrachtet, er wiederhole sich ständig und sei gewissermaßen nur ein »Ritual«. Die Kämpfe werden augenblicklich symbolisch, ihre Gefährlichkeit für die Antagonisten und den Zuschauer nimmt ab. Die großen Liebesdramen und -tragödien der Weltliteratur sind allesamt Geschichten des ersten Mals. »Romeo und Julia« so zu erzählen, als wäre es nicht die erste Liebe, sondern eine, die das Dutzend vollmacht, führt unweigerlich in die Komödie oder Parodie. Natürlich gibt es Ehedramen wie Strindbergs »Totentanz« oder Edward Albees »Wer hat Angst vor Virginia Woolf«, in denen die auszutragenden Kämpfe schon oft gekämpft wurden. Doch nicht ihre Wiederholung steht im Fokus der dramatischen Zuspitzung, sondern der Augenblick ihrer Eskalation – auf diesen Punkt der Grenzüberschreitung und Nimmerwiederkehr laufen die genannten Stücke hinaus. Es ist nicht der erste Kampf, den diese Paare kämpfen, sondern der letzte – danach wird nichts mehr sein, wie es war. Der Dramatiker sucht diese Extreme des ersten oder letzten Mals, die Sensation des Neuen oder den Untergang des Alten. Dazwischen gibt es für ihn wenig. Die meisten Stücke erhalten ihre poetisch-dramatische Kraft durch das Ekstatische des Anfangs oder die Eskalationen des Endes, durch den Rausch und Zauber des Beginns oder die Düsternis und Bedrohlichkeit des Finales oder beides. So gut wie nie aber bewegen sie sich in den Mäßigungen und Unscheinbarkeiten der Mitte.

Nicht umsonst wird die Epoche, die das Drama in Deutschland stark gemacht hat, durch ein Lebensgefühl umschrieben: Sturm und Drang. Es steht zunächst einmal für jugendliches Ungestüm, für eine Generation ungeduldiger junger Männer mit hochfliegenden Ambitionen, emotionalem Überschwang und politischen Utopien. Etwas despektierlich könnte man von der Pubertät der Literaturgeschichte sprechen, aber auch die Pubertät mit ihrem Trotz, ihrem Aufbegehren, ihrer Mischung aus Selbstsuche und Selbstüberschätzung ist eine notwendige Episode, nicht nur literaturgeschichtlich, sondern auch im Leben und Schreiben eines jeden Autors. Sie ist die Zeit des ersten Mals: der ersten Liebe, des ersten Aufstands gegen die Autoritäten des Elternhauses und der Gesellschaft, die erste Erfahrung der eigenen Grenzen und ihrer Überschreitung. Alles ist neu, aufregend und hochriskant bei diesem juvenilen Kräftemessen mit der Welt und ihren Widerständen. Und jeder Konflikt, jede Erfahrung wirkt wie eine Sensation. Es ist nicht nur das erste Mal, es scheint auch noch nie dagewesen: »Nur ich erlebe das so, nur für mich fühlt es sich so an, nur mir tut es so weh, nur für mich ist es so schmerzlich schön.« Der Stürmer und Dränger ist alles andere als bereit, sein erstes Mal zwischen den ersten Malen anderer Menschen einzuordnen. Er besteht darauf, diese besondere Erfahrung zu machen, sie selbst zu machen, auf seine Art, und hat dabei nicht den geringsten Zweifel an seiner Originalität. »Meine Liebe, mein Protest, meine Träume – all das ist neu und mit nichts vergleichbar!«

Was den Sturm und Drang als Epoche und Lebensphase charakterisiert und gleichzeitig so stark macht, ist seine Unbedingtheit. Das Motto, mit dem die Stürmer und Dränger angetreten sind, lautet nicht etwa: »Man ist nur einmal jung!« Sie erkennen solch ein »man«, solch eine Pauschalgröße der Erfahrung und deren Relativierung durch die Zeit überhaupt nicht an. Ihre unausgesprochene Maxime lautet vielmehr: »So jung wie wir ist überhaupt noch nie jemand gewesen!« Sie sind nicht nur Erstliebende, Erstkämpfende, sondern fühlen sich auch als Erstjugendliche, als die Jugend überhaupt. Die Welt, die sie entdecken, erobern, verändern wollen, kommt durch sie erst in Bewegung.

Der Stürmer und Dränger ist auf der Suche nach dem Absoluten – der größten Liebe, dem äußersten Gefühl, dem höchsten Glück – und setzt sich dabei selber absolut. Für ihn fängt das Leben an und ihm ist, als wäre dies der Anfang des Lebens, der Liebe, des Gefühls schlechthin. Insofern ist er radikal: Nicht nur weil er jeglichen Kompromiß verachtet und keine Rücksichten kennt, er ist radikal auch im wörtlichsten Sinne, nämlich »von der Wurzel her«. Diese Wurzel, der Ursprung von allem ist er selbst. Das stürmende, drängende Originalgenie ist sein eigener Urknall. Es sieht nicht die Bedingungen seiner Existenz, die vielen Vorgeschichten und Voraussetzungen, aufgrund derer die

Welt so geworden ist, wie sie ist – es will das Unbedingte und vor allem selber unbedingt sein.

Mit dieser Haltung läßt sich vortrefflich Theater machen, nicht nur weil sie extrem gefährlich werden kann, sondern auch weil sie selbst extrem gefährdet ist. Der Absolutheitsanspruch an sich und die Welt schafft eine dramatische Fallhöhe, vor allem deshalb, weil er zum Scheitern verurteilt ist. Der Stürmer und Dränger will mit dem Kopf durch die Wand, er schützt und schont weder sich noch andere, sondern reißt sich die Hemdbrust auf und läuft himmelhochjauchzend ins offene Messer. So angriffslustig, wie er auftritt, so verletzbar ist er auch. Und so absolut wie seine Ansprüche sind auch seine Katastrophen.

In den Betrachtungen des Schauspielers aus »Beste Jahre« kommt diese Eigenschaft des dramatischen Menschen auch zur Sprache: Beim Rückblick auf seine wilde Zeit stellt er fest, daß er heute anders als früher nichts mehr so unbedingt und um jeden Preis will. Er muß nicht mehr unbedingt mit dieser oder jener Frau schlafen, er muß auch nicht mehr unbedingt seinen Vater umbringen und all die anderen Dinge, die jungen Männern in der Regel so vorschweben. Er wechselt vielmehr vom absoluten Standpunkt des Stürmers und Drängers auf den des relativierenden Beobachters, der seine Träume und Ambitionen einordnet und mit Träumen und Ambitionen von früher vergleicht. Damit eröffnet sich ihm eine epische Perspektive auf sich selbst und die Welt.

Die Bewegung der Erinnerung, die Analogisierung der Zeiten, die Subsumierung der Gegenwart unter das Gedächtnis ist ein anti-dramatischer Reflex. Denn Sturm und Drang, das heißt vor allem Hier und Jetzt. Die Stürme von gestern interessieren nicht, und in Sachen »Drang« läßt sich schon allein das Wort schwerlich aus der Unmittelbarkeit, aus dem direkten Zusammenhang des Erlebens und Verspürens herauslösen. Drang ist eigentlich immer in diesem Moment. Diese absolute Gegenwärtigkeit und – wenn man so will – Ungeschichtlichkeit der dramatischen Lebenseinstellung hat vor allem damit zu tun, daß sich das Ich in dieser Zeit des Stürmens und Drängens überhaupt erst herausbildet. Sein Drang ist immer auch ein Geltungsdrang, der Drang, sich Gültigkeit zu verschaffen, und zwar nicht so sehr im Sinne einer Selbstdarstellung, sondern vielmehr als elementarer Versuch einer Selbsterschaffung. Im Drama produziert sich das Ich: Indem es sich herstellt, stellt es sich dar, und manchmal auch umgekehrt. Aber es kann nicht auf sich zurückgreifen, es ist vorher so, wie wir es als Zuschauer sehen, noch nicht existent. Vielmehr ereignet es sich. Und das ist es letztlich, was das Dramatische eines Menschen oder einer Theaterfigur ausmacht: Dramatisch ist das Ich nicht als Erzählung, sondern als Ereignis, das hier und jetzt stattfindet, sein Aufstieg und Fall, seine Erschaffung ebenso wie seine Zerstörung.

Dieser Ereignischarakter des Ich unterscheidet die Identitätsgeschichten des Theaters von denen des Romans. Im Roman wird der Charakter des Helden, die Identität der Protagonisten über viele Kapitel und Lebensphasen entwickelt. Auch hier gibt es Ereignisse, Schlüsselmomente, charakterbildende Begegnungen und Begebenheiten. Aber der Roman spricht davon im Plural. Im Drama ist es der Singular: Es ist das eine Ereignis, das den Helden macht oder vernichtet, der eine Konflikt, in dem die meist gewaltsame Setzung seines Ich auf ungeheuerliche Weise glückt oder auf fatale Weise scheitert.

Vor allem darin besteht die Verwandtschaft von Drama und Jugend: Das dramatische Ich konstituiert sich erst in der Handlung, es ist zunächst nur Selbstentwurf und probiert sich aus, erkundet seine Grenzen und Möglichkeiten, mißt sich in Konflikten und Machtkämpfen mit Autoritäten, lebt seine Gefühle ohne Netz und doppelten Boden, denn es kennt sich noch nicht und kann sich nicht einschätzen. Es erlebt nicht nur dieses oder jenes zum ersten Mal, es ist selber ein erstes Mal, das sich in diesem Augenblick ereignet – auf Gedeih und Verderb.

Die dramatische Lebenseinstellung wurzelt also in einem Ich, das nicht gefestigt ist, das sich sucht, findet und verliert, wobei diese Ich-Unsicherheit keineswegs im Widerspruch steht zu dem sehr lauten Ich-Rufen, dem unentwegten Ich-Sagen der Theaterhelden. Im Gegenteil. Gerade diejenigen, die am lautesten »Ich!« schreien, wissen meist am wenigsten, wer sie sind, und sie tun es aus genau diesem Grund. Ihre Selbstbehauptung ist immer auch Selbstversuch, ist der Wunsch, durch die Hypothese oder Setzung ihrer selbst herauszufinden, wer oder was sie wirklich sind. Im Prinzip tritt der Stürmer und Dränger nur mit einer vagen, instinktiven Selbstvermutung an, einer Ich-Skizze, auf deren Realisierung er drängt. Doch er gibt sich diese Identität erst und versucht, sich damit in der Wirklichkeit zu bewähren, wie ein Achtzehnjähriger mit seinem Führerschein auf Probe.

Ganz anders die epische Lebenseinstellung. Hier spricht die Stimme der Erfahrung, der Reife und Unaufgeregtheit, die Stimme desjenigen, der viel erlebt hat, nicht zuletzt sich selbst in den verschiedensten Situationen und Zusammenhängen. Dadurch ist der epische Charakter in der Lage, die eigenen Befindlichkeiten – seine Befindlichkeit im Augenblick – durch das zu relativieren, was er bereits von sich weiß. Auch der Epiker hat Gefühle, starke mitunter, aber er glaubt, sie einschätzen und einordnen zu können, denn er kennt sich und den Lauf der Dinge. Er kann auf Parallelfälle, auf Erinnerungen und Beobachtungen zurückgreifen, er weiß, wie es einmal war, und kann sich folglich denken, wie es weitergeht. Dabei wird auch der Epiker bisweilen überrascht oder bis zur Sprachlosigkeit vor den Kopf gestoßen, doch auch das passiert ihm nicht zum ersten Mal, auch das hat er schon erlebt, auch damit kann er umgehen. Insofern ist der Epiker seinen Emotionen nicht bedingungslos ausgeliefert. Er kann sie – selbst wenn sie ihn zu überwältigen drohen – mit Abstand betrachten und einen Überblick gewinnen über die Muster und Prozesse, in denen er steckt. Er kennt gewissermaßen die Verlaufsform, den Biorhythmus und die Dynamik seiner Gefühle und weiß selbst im schlimmsten Fall, daß sie vorbeigehen und daß morgen oder spätestens übermorgen ein neuer Tag sein wird.

Ein einfaches Beispiel: Ich konnte mir als Jugendlicher und auch als junger Autor nicht vorstellen, daß ich irgendwann einmal müde sein würde, richtig müde. Ich habe Müdigkeit als Phänomen nicht verstanden, so wie ein Kind nicht versteht, warum die Dinge, die den ganzen Tag über Spaß gemacht haben, plötzlich keinen Spaß mehr machen, warum es immer schneller das Interesse verliert, warum auf einmal alles zuviel ist, stört, sperrig wird, einen reizt und zur Verzweiflung bringt. Als ich – in meiner dramatischen Zeit – zum ersten Mal müde war, richtig müde, habe ich gedacht: Mein Leben ist zu Ende, es hat keinen Sinn mehr, alles ist schlecht, alles ist anstrengend, alles tut weh, und es wird von nun an immer so sein! Ich konnte mir in jener Zeit, bevor ich mich besser kannte, nicht sagen: »Alles halb so wild, John, du bist einfach müde, leg dich hin, schlaf dich aus, erhol dich ein bißchen, dann sieht die Welt schon wieder anders aus.« Diese Form der Selbstrelativierung, des Abstands und der Erfahrung im Umgang mit mir selbst hat mir gefehlt, ich stand meiner eigenen Müdigkeit völlig hilf- und ahnungslos gegenüber. Und das ist im Prinzip der dramatische Zustand. Man verabsolutiert die Empfindung des Jetzt, seine Jetzt-Befindlichkeit, und stülpt sie über die gesamte Welt. Es gibt einen Satz aus Goethes »Faust«, den ich mir bei solchen Gelegenheiten oft selber vorsage – einen Satz von Mephisto: »Wenn dieser Mensch keinen Ausweg sieht, stellt er sich gleich das Ende vor.« Genau das ist die dramatische Disposition. Man sieht keinen Ausweg und denkt: Alles ist zu Ende. Anstatt sich zu sagen: »Laß mal gut sein für heute. Vielleicht fällt dir morgen die Lösung ein. Kommt Zeit, kommt Rat. Das wird schon.«

Der Dramatiker kann oder will eine solche Drauf- und Übersicht nicht gewinnen. Vielmehr identifiziert er sich bedingungslos mit sich bzw. jener unsicheren Größe, die er ist oder sein will. Er ist gefangen in der Unmittelbarkeit seines Erlebens, in der Nähe zu sich und dem Geschehen, das ihn in aller Dünnhäutigkeit trifft und betrifft. Er ist die Wunde seines eigenen Weltschmerzes, der Stachel im eigenen Fleisch. Kälte, Wärme, Ekel, Angst und Begehren – das Dramatische ist immer auch eine leibliche Berührung, ein Übergriff auf den Körper, aus dem es kein Entkommen gibt. Der Epiker hingegen hat die Möglichkeit, sich der Unmittelbarkeit des Moments zu entziehen und eine betrachtende Distanz zu sich einzunehmen. Das heißt nicht, daß er keinerlei Nähe empfindet, doch er kann aus ihr heraustreten, ebenso wie er sich den Dingen wiederum annähern kann. Sein Selbstverhältnis ist nicht eines der restlosen Identifikation oder des Einsseins mit sich, sondern ein komplexes Wechselspiel von Hinwendung und Abkehr, Teilnahme und Unbeteiligtheit, Empathie und Abstand eben nicht nur in Bezug auf andere, sondern auch auf sich selbst.

Diese Möglichkeit, mit Nähe und Distanz zu jonglieren, geht dem Dramatiker ab. Er steht da und kann nicht anders. Insofern gibt es für ihn auch nur das Leben in diesem Augenblick, es gibt für ihn nicht – und damit bin ich beim Thema – die Verschränkung der Zeiten. Er lebt nur in einer Zeit, und diese Zeit ist die

Gegenwart, das Jetzt. Der Epiker dagegen verfügt über verschiedene Zeiten, Zeiträume. Er lebt zu einem nicht unbeträchtlichen Teil in der Vergangenheit, die sich in der Gegenwart vielfach und vielfältig spiegelt. Ihm begegnet das meiste eben nicht »zum ersten Mal«, sondern »mal wieder«. Überhaupt ist die Wiederholung das Grundmuster seiner Wahrnehmung. Alles kommt ihm bekannt vor, alles ist in der einen oder anderen Form schon einmal dagewesen. Und so vermischen sich für ihn Erleben und Erinnern bis zur Ununterscheidbarkeit.

So geht es auch dem Schauspieler in »Beste Jahre«. Nachdem er lange im Augenblick, in der Absolutheit des dramatischen Moments gelebt und gearbeitet hat, begegnet ihm zusehends die zyklische Zeit, das Alle-Jahre-Wieder des Lebens. Passiert ihm etwas, ist es ihm meist schon einmal passiert. Sieht er jemanden, handelt es sich meist um ein Wiedersehen, und begegnet ihm ausnahmsweise tatsächlich jemand Neues, Wildfremdes, lautet die Frage in seinem Hinterkopf nicht länger »Wer bist du?«, sondern: »An wen erinnerst du mich?«

Das ist charakteristisch für die epische Weltsicht: Die Wiederholung tritt in den Vordergrund, die Kreisläufe des Lebens, das Zyklische der Zeit. Im selben Maße verschwinden die Aufregungen des ersten Mals hinter dem Gefühl des Immer-Wieder und Nochmal-von-vorn. Genau darin besteht auch die Ambivalenz des epischen, relativierenden Erlebens. Es ist ein gutes Gefühl, die Unwägbarkeiten und Risiken halbwegs überschauen zu können, eine Routine im Umgang mit sich und den Dingen zu besitzen und aus den Fehlern der Vergangenheit gelernt zu haben. Das Leben tut nicht mehr so weh wie früher in der dramatischen Zeit. Aber diese epische, sich selbst episierende Einstellung geht auch auf Kosten von etwas. Verloren geht die Intensität des Augenblicks, die Wucht und Gewalt der Emotion. Sie wird gemildert, aber auch abgeschwächt durch den epischen Filter, der alles, was geschieht, durch die Brille des bereits Geschehenen betrachtet. Die Auslieferung an den Moment ist nicht mehr total, die Spitzen des Schmerzes, aber auch des Hochgefühls sind gekappt. Der emotionale Ort des Epikers ist nicht das Extrem, sondern das Maß und die Mitte.

Genauso gewagt wie die Ungeschichtlichkeit der dramatischen Lebenseinstellung ist indessen die Geschichtlichkeit der epischen Weltsicht. Denn in der Sache selbst garantiert nichts, daß die Dinge jetzt und in Zukunft so laufen müssen, wie sie in der Vergangenheit gelaufen sind. So wie der Dramatiker die Einmaligkeit und Einzigartigkeit des Moments übertreibt, unterschätzt sie der Epiker oft. Das Erleben und Verweben im Erinnern, das epische Verfügen über den Moment, der, kaum geschehen, schon vergeschichtlicht wird, suggeriert eine Erzähl- und Verstehbarkeit aller Dinge, doch die Wirklichkeit sieht meistens anders aus. Die scheinbar unangefochtene Erzählsouveränität des Epikers ist nicht weniger illusorisch als der Absolutheitsanspruch des Dramatikers. Die Anmaßung der Allwissenheit, die Überlegenheitslüge der Reife, die Hybris des Erwachsen- und Entwachsenseins – all das erweist sich im Leben als eine ziemlich brüchige Angelegenheit. Denn es braucht nicht viel, um die epische Ordnung der Dinge zu erschüttern. Ihre Koordinaten und Fixpunkte sind auch nicht mehr als Annahmen, Hypothesen, die von der Wirklichkeit jederzeit widerlegt werden können: Eine langjährige Ehe, eine solide Karriere, eine robuste Gesundheit und sonstige vermeintliche Sicherheiten können sich durch eine einzige Wendung des Schicksals als null und nichtig entpuppen.

So wie der Dramatiker sich in seiner Unsicherheit einigermaßen willkürlich setzt, setzt der Epiker sich mit seiner Selbstkenntnis, dem Wissen und den Gewißheiten, die er aus den

Erfahrungen der Vergangenheit ableitet. Und so wie der Dramatiker sich in den Entwürfen und Zukunftsprojektionen seiner selbst täuschen kann, kann sich der Epiker über seine Vergangenheit täuschen. Beides mag völlig anders sein als gedacht, wobei der Dramatiker seiner eigenen Fragwürdigkeit sogar noch eher auf der Spur ist als der sich in epischer Sicherheit wiegende Selbsterzähler. Kontrollverluste treffen ihn weitgehend unerwartet, denn was er in seiner Geschichtenherrlichkeit, im epischen Schalten und Walten über Zeiten und Begebenheiten gerne vergißt, ist das Inkommensurable der Katastrophe, die Lebens- und Leidensbeharrlichkeit des Einzelfalls. Er vergißt, daß auch er nicht aus seiner Haut kann und der Gegenwart unterworfen ist, sobald sie ihre dramatische Totalität entfaltet. Es reicht ein plötzlicher Fall von Krankheit oder Tod, um den Reim der Zeiten, die Verwandtschaft von Gegenwart und Vergangenheit zu durchbrechen, und das Leben, das man zu leben glaubte, sieht sich auf einmal nicht mehr ähnlich.

Damit soll nicht gesagt sein, daß die epische Lebenseinstellung in Wahrheit die dramatischere ist, wenngleich sie ihrerseits eine beträchtliche Fallhöhe besitzt. Vielmehr muß man sich bei aller Lebenserfahrung immer wieder klarmachen, daß es letztlich unmöglich ist, das Leben zu kennen, weil man den Tod nicht kennt. So gut wir auch Bescheid wissen mögen über das erste Mal, so selbstverständlich wir uns im Wieder-Einmal eingerichtet haben, das letzte Mal bleibt die Ungewißheit unserer Existenz schlechthin. Sicher ist nur, daß aufgrund der Totalität des Endes das Dramatische nie völlig aus dem Leben verschwindet. Insofern sind die epische und die dramatische Lebenseinstellung nur tendenziell eine Frage von verschiedenen Lebensaltern, von Jugend oder Erwachsensein. Tatsächlich handelt es sich um eine Koexistenz zweier Haltungen und Erlebnisformen, wobei mal das Dramatische und mal das Epische überwiegt, die Gewichtung jedoch jederzeit zugunsten des einen oder anderen kippen kann.

Ich hoffe, ich konnte mit diesem kleinen Ausflug in die lebenspraktische Betrachtung des Epischen und Dramatischen ein Gefühl für den Charakter dieser beiden Prinzipien vermitteln, für ihr Temperament, ihre Physiognomie. In Reinform kommen sie sowohl im Leben als auch in der Literatur so gut wie nie vor. Epischer Atem und dramatische Atemlosigkeit können sich im Laufe eines Tages, eines Kapitels oder einer Szene abwechseln. Es gibt szenisch erzählte Romane, und es gibt zahlreiche Stücke, die mit epischen Techniken verfahren, ganz zu schweigen von der Öffnung des Theaters für epische Formen unter dem Vorzeichen des Post-Dramatischen. Doch auch wenn sich Roman und Bühne immer mehr in Richtung einer Verschränkung und Vermischung dieser Prinzipien bewegen, ist es hilfreich, sie in ihren wesentlichen Eigenschaften zu kennen und das Prototypische an ihnen herauszuarbeiten.

## *Zeitverschiebungen*

Ich komme nun zur ästhetischen Dimension des Dramatischen und des Epischen, der dramatischen und epischen Zeit im Sinne des Theaters bzw. des Romans. Ich möchte dabei nicht mit der Seite der Produktion oder Entstehung beginnen, sondern mit den Rezeptionsbedingungen von Buch und Bühne, weil ich glaube, daß die Bedingungen, unter denen Theaterstücke im Unterschied zu Romanen wahrgenommen werden, maßgeblich sind für die Arbeit daran.

Es gibt einen kategorialen Unterschied in der Rezeption zwischen Drama und Roman, sofern das betreffende Stück nicht von vornherein als »Lesedrama« geschrieben ist. (Wenn ich »Drama« sage, meine ich immer das Drama, das zur Aufführung drängt und sich in der Aufführung eigentlich erst als Drama realisiert.) Und das Wesen dieses Unterschieds zwischen dem Besuch einer Theateraufführung und dem Lesen eines Romans ist die Zeit. Wer ins Theater geht, gibt seine Zeitsouveränität, seine Hoheit über die Zeit sozusagen an der Garderobe ab – wie sich auch der Zuhörer eines Vortrags an einem bestimmten Ort einfindet und seine Zeithoheit für die Dauer des Vortrags an den Redner delegiert. Man setzt sich in einen abgedunkelten Raum und läßt sich von den Akteuren den Zeittakt, den Rhythmus und die Verlaufsform des Abends vorgeben. Alle performativen Künste sind dadurch charakterisiert, daß sie sich in einem gemeinschaftlichen Raum und Rahmen vollziehen und ein kollektives Zeiterleben erzeugen. Dabei handelt es sich um eine Form der geteilten, miteinander geteilten Zeit, was bedeutet, daß jeder Einzelne eine gewisse Spanne seiner selbstbestimmten Zeit bzw. der Selbstbestimmung über seine Zeit zur performativen Verfügung stellt im Vertrauen oder in der Hoffnung, daß er dafür besondere Eindrücke und Erfahrungen vermittelt bekommt.

Wenn ich einen Roman lese, ist das völlig anders. Ich kann bestimmen, wann ich lese, ich kann bestimmen, wieviel ich lese, und bin zu keiner Zeit, an keinem Ort zur absoluten Entscheidung aufgerufen, ob ich an dem »Erlebnis«, das der Roman für mich möglicherweise bereithält, »teilnehmen« möchte oder nicht. Wenn ich hier und jetzt nicht lese, lese ich eben dort und später, dabei verpasse ich nichts. Ich bleibe Herr über meine eigene Zeit. Umgekehrt kann natürlich jeder, der sich eine Theateraufführung ansieht, seine Zeithoheit zurückerlangen, indem er frühzeitig aufsteht und den Saal verläßt. Doch damit ist er ein für alle Mal von diesem Erlebnis ausgeschlossen, und er wird sich daraus nur zurückziehen, wenn er das Vertrauen verliert, von der Aufführung etwas Wertvolles zu bekommen für die Zeit, die er opfert. In der Regel geht man nur vorzeitig, wenn man sich sicher ist, daß man hier und heute nichts verpaßt. Wobei man sich natürlich täuschen kann. Wenn ich hingegen beschließe, das Buch abends lieber wegzulegen, nachdem ich vor lauter Müdigkeit ein und dieselbe Seite zweimal gelesen habe, ohne auch nur einen einzigen Zusammenhang zu verstehen, dann ist das meine Entscheidung, und das Buch verzeiht sie mir. Ich kann zu anderer Zeit wieder anknüpfen, wenn ich aus eigenem Gefühl und Gutdünken beschließe: »Ja, jetzt ist es an der Zeit, jetzt möchte ich diesen Roman wieder zur Hand nehmen.« Kurzum, die zeitliche Freiheit der Rezeption des Romans steht im Gegensatz zur Fremdbestimmung der Zeiterfahrung im Theater.

Interessanterweise wird das Lesen oft als das große Gegenmodell zum Fernsehen gehandelt, wohingegen das Theater mit diesem meist direkt verglichen wird. Dabei ist die Art und Weise, wie heute gelesen wird und wahrscheinlich auch vor Jahrhunderten schon gelesen wurde, dem Zappen oder dem digitalen Wahrnehmen von Zeit viel ähnlicher als eine Theateraufführung. Die Theateraufführung folgt einem klassischen, objektiven, streng chronologischen Zeitverlauf, der nicht unterbrochen werden kann, der das Kollektiv in gewisser Weise zwingt, gemeinsam einen Prozeß durchzumachen. (Selbst die Pause im Foyer ist Teil dieser Chronologie, man kann sie nicht einfach überspringen, sosehr man es manchmal auch möchte.) In diesem analogen Ablauf gibt es kein Vor und Zurück, kein Innehalten und Fortfahren, während ich mir beim Lesen eines Romans sagen kann: »Jetzt ist der richtige Zeitpunkt, jetzt möchte ich mich diesem Roman widmen, ich blättere vor und zurück, verweile, lege ihn weg und nehme ihn später wieder zur Hand.« Dieselbe Art von Zeithoheit oder Verfügbarkeit habe ich auch beim digitalen Fernsehen, bei dem ich durch die Kanäle schalten oder mich per Rekorder entscheiden kann: »Ich mache hier jetzt stop und schalte später wieder ein.« Das vielgescholtene »Zappen« ist insofern nichts anderes als das »Blättern« des Lesers im Buch, bevor er sich entscheidet, sich in dieses oder jenes Kapitel zu vertiefen. Die Fernbedienung ist dabei der handfeste Ausdruck seiner Wahl- und Zeitfreiheit, seiner Verfügungsgewalt über die Echtzeit, aus der es im Theater kein Entrinnen gibt, außer dem Boykott.

In gewisser Weise hat sich das Fernsehen seit seinen Anfängen von der analogen Rezeption, wie wir sie aus dem Theater kennen, immer weiter entfernt. Zu Beginn hatte der Fernsehzuschauer nur ein Programm und lediglich die Wahl, zuzugucken oder nicht. Es gab sozusagen eine Fernsehnation wie ein Theaterpublikum – und wer nicht einschaltete, gehörte nicht dazu. Mit dem technischen Fortschritt kamen dann immer mehr Programme, immer größere Wahl- und Aufzeichnungsmöglichkeiten, und die Zeit des Zuschauens wurde von einer analogen, fremdbestimmten in eine digitale, selbstbestimmbare transformiert.

Es gibt eine strukturelle Verwandtschaft von Lesen und Fernsehen, die darin gründet, daß der Adressat jeweils der Einzelne ist. Beide Rezeptionsformen sind solistisch. Auch wenn man zu zweit, mit Freunden oder der ganzen Familie Fernsehen guckt – die Gemeinschaft ist für die Wahrnehmung eines Films nicht wesentlich. Anders das Theater: Selbst wenn es nur für einen einzigen Zuschauer gemacht werden sollte, ist es immer Gemeinschaft, und sei es in diesem Sonderfall eben nur die Gemeinschaft von Akteur und Zuschauer zu dieser Zeit in diesem Raum. Beim Fernsehen ist diese Gemeinschaftlichkeit von Akteuren und Zuschauern lediglich Illusion, eine Scheingemeinschaft aus der Konserve. Und das ist auch die Kehrseite der Selbstbestimmtheit des digitalen Fernsehzuschauers, seine Einsamkeit, die sich von der des Lesers grundsätzlich nicht unterscheidet. Theater hingegen findet in der Gemeinsamkeit und Gemeinschaftlichkeit statt, mit allen Vor- und Nachteilen eines gruppendynamischen Prozesses, den Konventionen und Konzessionen innerhalb einer kollektiven Rezeptionsform, die dem Einzelnen lediglich die Wahl läßt, teilzunehmen oder nicht.

Die »dramatische Zeit« einer Aufführung, der zu gestaltende Zeitablauf eines Abends wird unmittelbar und geradezu physisch von zwei Seiten erlebt, vom Zuschauer und vom Akteur. Spannung und Langeweile, die Beschleunigung und Dehnung der Zeit, ihr Gefülltsein und ihre Entleerung haben in der direkten raum-zeitlichen Begegnung von Schauspieler und Publikum eine sinnlich-körperliche Dimension, wobei dem Normalbesucher in der Regel kaum bewußt sein dürfte, wie sehr er in Wechselwirkung mit dem Geschehen auf der Bühne steht und wie stark seine Reaktionen und Signale mit dem Spiel und der Arbeit des Schauspielers rückgekoppelt sind.

Man muß sich den Schauspieler als einen Menschen vorstellen, der eine Bühne betritt und plötzlich einen Raum voller Erwartungen vor sich hat sowie eine scheinbar unendliche Ebene von Zeit, die er strukturieren und gestalten muß. Er sieht, hört und spürt die Gegenwart der Zuschauer, die ihre Zeithoheit an ihn abgegeben haben und dafür verlangen: Mach was mit mir! Unterhalte mich! Berühre mich! Interessiere mich! Spiel was, damit ich was spüre! Oder auch: Sorge dafür, daß die Zeit schnell vergeht! – Entgegen anders lautenden Gerüchten ist Schauspieler kein einfacher Beruf.

In gewisser Weise nimmt der Schauspieler bei seinem Auftritt das Publikum als einen vielköpfigen Zeitkörper wahr, eine zu rhythmisierende Biomasse, die er durch den Abend zu bewegen hat. Er ist angetreten, um die zur Verfügung gestellte Zeit des Publikums zu strukturieren und zu dynamisieren – mit seiner Diktion, seinem Gestus, seinen Aktionen sowie durch die Art und Weise seines Zusammenspiels mit den Kollegen. Nichts anderes ist im übrigen die Dramaturgie einer Aufführung: Angewandte Dramaturgie – Dramaturgie in Aktion – ist die Strukturierung und Dynamisierung von Zeit, und sie wird konkret vom Schauspieler geleistet. Sein Gehen, Stehen, Sprechen, die Pausen, die er macht, das Tempo, mit dem er anschließt, wie überhaupt das gesamte »Timing« seines Spiels, schaffen den Rhythmus oder – weniger technisch gesprochen – den Puls und Herzschlag des Theaterabends. Er schafft damit eine Zeitstruktur, auf die das Publikum reagiert, indem es sich dieses Metrum gefallen läßt, den Takt aufnimmt und mit ihm mitgeht oder auch indem es sich dagegen sperrt, unbewegt bleibt oder auf halbem Weg aussteigt. Die Reaktionen des Publikums wirken und koppeln auf das Spiel der Akteure zurück, verstärken oder verunsichern es, und entweder haben alle gemeinsam einen besonderen Abend oder ein paar verdammt zähe Stunden.

Die Figuren und der Plot des Theaterstücks geben dabei eine Art Ökonomie der schauspielerischen Verausgabung vor. Exposition und Durchführung des Dramas, das Schürzen und Steigern des Konflikts, seine Entladung in der Katastrophe, das alles sind nicht nur inhaltliche, sondern auch biomechanische Bewegungen in der Echtzeit, die Schauspieler und Zuschauer miteinander verbringen. Insofern ist die Formulierung von der Biomasse im Zuschauerraum keineswegs despektierlich gemeint. Denn der kollektive Zeitkörper, den der Schauspieler vor sich hat, stellt sich in seiner Wahrnehmung tatsächlich wie ein Organismus dar. Dieser Organismus atmet – er kann mit einer Aufführung atmen, aber auch gegen sie. Er kann sich zu einem großen, beseelten Ganzen aufschwingen, das mit der Aufführung pulsiert, er kann sich aber auch spalten, zerfallen, auflösen.

Es gibt im übrigen deutliche Signale, die der Zuschauer aussendet und die der Schauspieler auch mehr als deutlich wahrnimmt – das Spektrum reicht von betretenem Schweigen bis hin zu lautem Gelächter. Doch in dem Kommunikationscode zwischen Schauspieler und Publikum sind Lachen und Weinen keineswegs die vorherrschenden Äußerungsformen. Das gängigste und wichtigste Signal im Morse-Alphabet der Publikumsresonanz ist das Husten. Wenn man einen Schauspieler fragt, »Wie war die Vorstellung?«, dann gibt es manchmal nur eine Antwort: »Sie haben gehustet.« Das heißt, es war grauenvoll. Die Frequenz bzw. Häufigkeit und Heftigkeit des Hustens während der Aufführung ist ein Gradmesser ihres Mißerfolgs. Wenn es also heißt, daß das Publikum nicht mit der Aufführung »atmet«, ist das reichlich geschönt. Die Wahrheit ist, es hustet. Es zerhustet den gesprochenen Text, zerhustet die stillen Momente, es hustet die Schauspieler förmlich von der Bühne. Ein Sturm von Buhrufen und Pfiffen beim Schlußapplaus ist nicht annähernd so gnadenlos wie die bronchiale Gegenwehr der Biomasse im Zuschauerraum, wenn sie sich gegen die Aufführung wendet und in epidemischen Hustenanfällen entäußert. Husten ist sozusagen die Gegenstimme des Publikums in biomechanischer Unerbittlichkeit, ein leidenschaftlicher Einspruch der Körper, die sich mit ihrer Jetzt-und-Hier-Befindlichkeit in einem dunklen, engen, unbequemen Raum allein gelassen fühlen, sobald das Bühnengeschehen sie aus seinem Bann entläßt. Willkürlich oder unwillkürlich wendet sich die sozusagen herrenlos umherschweifende Aufmerksamkeit gegen sich selbst und verwandelt sich in eine Art hypochondrische Überaufmerksamkeit des Körpers, die jedes noch so kleine Kratzen in Rachen und Lunge nicht nur bemerkt, sondern nachgerade erzeugt. Und der Husten höret nimmer auf! Es wäre tatsächlich einmal eine lohnenswerte theaterwissenschaftliche Aufgabe, ein Husten-ABC des Theaters zu erstellen für Schauspieler und solche, die es werden wollen, angefangen vom aggressiv kläffenden Protesthuster über den chronisch trockenen Reizhusten der Kritiker bis hin zum rasselnd-rachitischen Lungenkollaps des Altabonnenten.

Die Rede vom Publikum als Zeitkörper hat darüber hinaus eine orthopädische Dimension. In dem Moment, da eine Aufführung die Gedanken und Gefühle des Zuschauers nicht länger beschäftigt, kommt der Körper zu sich und seinem Ungemach, eingepfercht in enge Stuhlreihen, seiner Bein- und Bewegungsfreiheit beraubt. Fällt der Zuschauer also von der vorgestellten Zeit des Stückes zurück in die Realzeit der schieren Aufführungsdauer, beginnt – sofern es sich nicht um den Lungentypus handelt – das orthopädische Programm. Füße werden zentimeterweise verschoben, Beine wechselweise übereinandergeschlagen, das Gewicht wird verlagert, von links nach rechts, von rechts nach links, man rutscht im Sitz etwas tiefer, richtet sich wieder auf, neigt den Kopf zu allen Seiten, dreht ihn, rollt ihn über die Schultern, kurzum, man absolviert zunächst dezent, dann immer unverhohlener ein komplettes Fitneßprogramm für Vielflieger.

Den wenigsten Zuschauern ist dabei bewußt, daß der Schauspieler das sieht. Mehr noch: Er nimmt diese Unruhe der Körper wie unter einem inneren Vergrößerungsglas wahr, denn er bezieht sie vollständig auf sich. Aus seiner Sicht richtet sich jede Ausweichbewegung gegen ihn. Er, als Akteur und Agens des Abends, muß so denken. Denn er nimmt für sich in Anspruch, der bewegte Beweger in der biomechanischen Wechselwirkung und Kommunikation der Körper zu sein. Fangen die Körper der

Zuschauer an, ihr eigenes Theater zu machen, muß er das als feindlichen Akt empfinden, als eine leibhaftige Rebellion gegen sich. Ein Zuschauer mit einem Bandscheibenvorfall oder Wadenkrampf in der ersten oder zweiten Reihe kann einen Schauspieler zur Verzweiflung treiben, weil er immerzu denkt, denken muß: »Was ist denn los, warum erreiche ich diesen Menschen nicht, bin ich denn heute wirklich so schlecht?« Ernst Lubitschs grandioser Theaterfilm »Sein oder Nichtsein« spielt mit genau diesem Mißverständnis. Darin erhält ein junger Leutnant den berühmten Anfang des Hamlet-Monologs als Codewort, um aufzustehen und den Zuschauerraum zu verlassen. Der Hamlet-Schauspieler nimmt das natürlich persönlich und zweifelt zutiefst an seinen Fähigkeiten.

In der Regel jedoch handelt es sich nicht um Einzelreaktionen, sondern um die Körpersprache des Kollektivs, um das Räkeln und Ruckeln der Langeweile bis hin zu rudernd ausgreifenden Befreiungsschlägen. Rheumatische Schübe gehen durch die Reihen des Zuschauerraums, La-Ola-Wellen wandern durchs Parkett. Wenn sich ein eben noch an Ort und Stelle festgebanntes Publikum förmlich in Wackelpudding verwandelt, weiß ein Schauspieler, daß er seine Szene vergeigt hat. Der Kontakt zum Publikum ist unterbrochen, das Spiel der Akteure dringt nicht mehr durch. Entsprechend funktioniert die Zeitigung der Zuschauer im Hier und Jetzt des Dramas nicht länger. Vielmehr versinkt jeder einzelne in seiner eigenen Körperzeit und hört das quälende Ticken seiner biologischen Uhr. Es gibt keinen wahreren Satz über das Zerfallen von dramatischer und organischer Zeit als den Alfred Kerr zugeschriebenen Ausspruch: »Ich schaute um halb elf auf die Uhr, und es war erst Viertel nach acht.«

Die Zeitigung des Zuschauers im dramatischen Moment, in der Situation und Sache des Stückes, erfolgt durch die immer wieder aufgestellte und ständig erneuerte Spielbehauptung: »Hier und jetzt geht es ums Ganze! Achtung, Publikum, aufgepaßt!« Die Akteure appellieren in jedem Moment und immer wieder neu an die Aufmerksamkeit des Zuschauers, seine Wachheit und Wachsamkeit. Und in der Regel hilft ihnen die Inszenierung dabei, zumindest sollte sie das. Denn Inszenieren ist zu einem nicht unbeträchtlichen Teil die Manipulation der Aufmerksamkeit zugunsten der Schauspieler. Sie soll ihnen die Möglichkeit geben, den dramatischen Moment zu erzeugen, der den Zuschauer ins Hier und Jetzt des Spiels hineinzieht.

Es gibt unzählige Theatermittel und Methoden, die Aufmerksamkeit des Zuschauers zu erregen, doch auch nach zweitausendfünfhundert Jahren noch immer kein Erfolgsrezept. Es kann vielleicht auch keines geben, denn die Erwartungen des Publikums holen früher oder später jede noch so raffinierte Rezeptur wieder ein. Jegliches Strickmuster, wenn es als solches erkennbar wird, verliert den Moment des Überraschenden, Unerhörten, Unfaßbaren und hört somit auf, die Aufmerksamkeit des Zuschauers herauszufordern, ihn durch Irritation, Provokation oder Verführung in diesen speziellen Augenblick zu bannen. Man kann jedoch generell sagen, daß die Arbeit des Schauspielers im wesentlichen in der Erzeugung einer Hier-und-Jetzt-Situation besteht. Er muß das Anliegen seiner Figur, ihren Willen, ihre Wut, ihre Wunden in diesem Moment in diesem Raum gegenwärtig werden lassen. So uralt und entlegen das Stück und seine Geschichte auch sein mögen, die Arbeit des Schauspielers besteht in der Vergegenwärtigung seiner Figur durch die Spielbehauptung: Hier und jetzt geschieht's! Und er muß den Zuschauer dazu bringen, ihm das zu glauben, in diesem Moment, in dieser räumlichen Gemeinschaft mit ihm und wider besseres Wissen, denn natürlich ist jedem im Saal klar, daß all das nicht zum ersten und einzigen Mal passiert. Nichts dergleichen ist der Fall, und dennoch kann es sich ereignen, zwischen diesen Spielern und Zuschauern.

Die Sehnsucht der Theatermachenden nach radikaler Vergegenwärtigung, nach der höchsten Steigerung des Hier und Jetzt gipfelt in der Idee der Gefahr. Die Extremsituation der Gefahr – sei es stellvertretend für die Figuren oder Akteure, sei es für alle Anwesenden – erzeugt die maximale Wachheit und Wachsamkeit des Zuschauers. Gefahr schärft die Sinne, Gefahr läßt Vergangenheit und Zukunft zurücktreten zugunsten dieses einen einzigen Moments, auf den alle Zeit zusammenschnurrt. Die Zeit der Gefahr ist die dramatische Zeit schlechthin, das gefährliche Spiel – im Gegensatz zum gesicherten, routinierten – ist die dramatische Aktion schlechthin, der gefährliche Text ist das ideale Drama. Gefahr kann eine physische Qualität sein, aber auch eine emotionale oder gedankliche. Doch in welcher Form auch immer sie auftritt, in dem Moment der Gefahr begegnen sich Produktion und Rezeption, Vergegenwärtigung und Wahrnehmung, Schauspieler und Zuschauer. Im Moment der Gefahr vollzieht sich die unmittelbarste, sinnlichste und intensivste Zeitigung ihrer Gemeinschaft. Denn in der Gefahr sind wir alle hier und jetzt.

In diesem Sinne verstehe ich im übrigen auch die berühmtberüchtigten aristotelischen Wirkungsmerkmale der Tragödie: »Furcht und Mitleid«, wie es in Lessings Übertragung der aristotelischen Poetik heißt, oder »Jammer und Schaudern«, wie die moderneren, wortgetreueren Übersetzungen lauten. Die griechische Tragödie ist im Grunde nichts anderes als das gemeinschaftliche Innewerden der Gefährdung der menschlichen Existenz, des Prekären unseres Glücks und der unerbittlichen Macht des Schicksals, das Menschen in schwindelerregende Höhen erhebt, um sie ganz tief zu stürzen. Die Wirkung, die eine Tragödie laut Aristoteles hervorrufen soll, ist Jammer und Schaudern, aber das, was sie eigentlich produziert, ja, beschwört im Hier und Jetzt der Akteure und Zuschauer, ist die Gefahr als Gefühl und Gedanke. Schrecken, Schaudern, Bestürzung, Jammer, Mitleid usf. sind teils emotionale, teils unmittelbar physische Reaktionen darauf. Sie sind die Wirkung, nicht die Ursache: die Ur-Sache selbst ist die Gefahr, von der im Mythos erzählt wird und die im dramatischen Moment Gegenwart wird. Insofern könnte man sagen: Tragödie ist die Vergegenwärtigung der Lebensgefahr und der Gefahr des Lebens anhand eines Mythos in Anwesenheit der Polis, im Aufeinandertreffen von Text, Spiel und sinnlicher Wahrnehmung. Genau deshalb ist Theater so schwierig, so krisenhaft: Denn sobald es zu vertraut, zu sicher, zu »Gewußt-Wie« wird, ist der dramatische Moment der Gefahr dahin. Er ist in seinem Wesen flüchtig wie das Theater selbst.

Es ist ein alter Traum aller Theaterleute, gefährliches Theater zu machen. Das »Theater der Grausamkeit« von Artaud, in dem Gewalt und Verstümmelung geradezu Programm sind, ist die Vision eines Theaters, in dem Gefahr und Angst den Saal nie verlassen, in dem immer, in jedem Moment, alles möglich ist. Doch unabhängig davon, ob nun Folter, Schlachtungen oder sonstige performative Gewaltakte stattfinden, Schmerzen real zugefügt werden oder nicht, es ist letztlich die Ambition aller Theaterschaffenden – auch derer, die nicht vorhaben, sich selbst zu verstümmeln –, das Bewußtsein einer Gefahr zu erzeugen, die der Zuschauer mit Schrecken, Schaudern, Staunen oder Verwunderung spürt. Es geht um den Moment, in dem alles möglich ist, alles passieren kann. Dieser Akt der dramatischen Zeitigung von Spieler und Zuschauer im Hier und Jetzt ist die Utopie des Theaters, der unterschiedlichsten Theaterformen von der griechischen

Tragödie über das bürgerliche Trauerspiel bis hin zum Wohnküchendrama. Selbst wenn das Stück zur Genüge bekannt ist, selbst wenn der ganze Saal »Kabale und Liebe« schon ein dutzendmal gesehen hat, müßte es gelingen, den Zuschauern im Augenblick der Aufführung das Gefühl zu vermitteln: »Nichts ist sicher! Es könnte sein, daß die Geschichte hier und jetzt eine komplett andere Wendung nimmt. Und wenn ihr nicht aufpaßt und wachsam seid, habt ihr es verpaßt!« Für mich persönlich waren und sind das die stärksten Theatererlebnisse, jene prekären Momente von Gefahr und Gefährlichkeit, in denen so viel auf dem Spiel steht, daß selbst ich als Stückdramaturg und Berufszuschauer nicht weiß, wie es weitergeht, ja, mir nicht einmal vorstellen kann, daß es überhaupt irgendwie weitergehen könnte, so total ist dieser dramatische Moment.

Gelingt dem Schauspieler die Vergegenwärtigung seiner Figur, verbindet sich mit seiner Präsenz als Akteur die Präsenz und das Präsens des Charakters oder der Rolle, dann befinden wir uns im Hier und Jetzt des Geschehens, in dem die Handlungen, die möglicherweise schon tausendmal vollzogen wurden, und die Dialoge, die möglicherweise schon tausendmal gesagt wurden, sich ereignen wie zum ersten Mal. Das heißt, im Spiel der Akteure sowie im Erleben des Zuschauers entsteht momentartig das Bewußtsein der Möglichkeit, daß alles auch anders sein, anders weiter- und ausgehen könnte. Die nicht genutzten Möglichkeiten, Handlungsalternativen, der unerhörte, ungeschriebene Satz und seine Folgen stehen für einen Moment im Raum, sind für einen Sekundenbruchteil denkbar, spürbar. Nicht zuletzt deswegen gehören die berüchtigten »Texthänger« mitunter zu den intensivsten Augenblicken im Theater: Der Schauspieler weiß in diesem Moment – genausowenig wie der Charakter, den er spielt, oder wie wir im wirklichen Leben – eben nicht schon im voraus, was er als nächstes sagen wird. Unterschiedlichste Sätze liegen in der Luft. Und erst im nachhinein, wenn er den einen Satz gesagt hat, der dem Drama entspricht – vorausgesetzt, es ist ein guter Satz –, dann erst scheint es, als hätte er ihn so und nur so sagen müssen, als könnte es gar nicht anders sein. Die eherne Notwendigkeit des Dramas ist immer eine Notwendigkeit post factum, im dramatischen Moment selbst ist alles möglich.

Das Theater ist eine präsentische Kunst, soviel dürfte inzwischen deutlich geworden sein. Doch es gibt immer auch wieder Theaterformen und Mittel, bei denen dieses Gesetz des Hier und Jetzt, das Gesetz der Vergegenwärtigung, durchbrochen wird. Dazu zwei Beispiele, die von den Anfängen des Theaters herrühren und in einer Reihe von Stücken vorkommen, die nach wie vor gespielt werden, auch wenn sie als Mittel im zeitgenössischen Drama nicht mehr so gebräuchlich sind. Das erste Beispiel ist die sogenannte Mauerschau: Eine Figur steht auf der Bühne, an exponierter Stelle, und beschreibt ein Geschehen, das für den Zuschauer unsichtbar ist: »Dort hinten im Schlachtgetümmel sehe ich einen Mann im roten Mantel mit gezücktem Degen auf die Kavallerie zustürzen usf.« Der Späher bzw. auf der Lauer Liegende kann gleichsam über die Mauern des Theaters hinausschauen und berichtet uns sichtberaubten Zuschauern, was in der Ferne vor sich geht (und was auf der Bühne schon allein aus technischen Gründen so nicht vor sich gehen könnte). Selbstverständlich versucht auch die Mauerschau die Vergegenwärtigung eines Geschehens durch den Schauspieler, doch problematisch an diesem Mittel ist, daß es dem Publikum dabei unterschwellig signalisiert: Das eigentliche Geschehen ist nicht hier und jetzt, das heißt, es ist zwar jetzt, aber dort.

Die Toleranz gegenüber dem Mittel der Mauerschau hat spürbar abgenommen und geht mitunter gegen null. Doch auch bei einem sehr wohlwollenden Publikum ist in der Regel ein merklicher Spannungsabfall zu verzeichnen. Schließlich hat es sich hier und heute zusammengefunden, um zu sehen, wie das Drama sich ereignet, und nicht, um erzählt zu bekommen, daß es woanders passiert. Es sucht die Unmittelbarkeit und Gegenwärtigkeit des Hier und Jetzt. Wenn es nun aber im Zuge der Mauerschau heißt, »jetzt, aber dort«, kann man sich als Zuschauer des Eindrucks kaum erwehren, zur genau richtigen Zeit am falschen Ort zu sein.

Von der Mauerschau in Reinkultur wird im zeitgenössischen Drama kaum noch Gebrauch gemacht, aber der Grund, warum Theaterautoren sich seinerzeit mit der Krücke der Mauerschau überhaupt beholfen haben, ist keineswegs aus der Welt, im Gegenteil, es gäbe dafür eigentlich mehr Gründe denn je. Wildes Schlachtgetümmel oder der Einmarsch von Hannibal mit seinen Elefanten sind Fälle von Realitäten, die auf der Bühne nicht darstellbar sind, für die Geschichte eines Stückes aber von Bedeutung sein können. Solche äußeren Anlässe, die auf das Bühnengeschehen zurückwirken, haben in unserer vernetzten, schnell informierten Welt tendenziell eher zugenommen: Terroranschläge, Super-GAUs, Hurrikane etc. Tatsächlich gibt es sogar vermehrt Stücke, bei denen ein beträchtlicher Teil des Geschehens im sogenannten Off jenseits der Bühne stattfindet. Diese von außen kommenden Informationen und Impulse beeinflussen das Geschehen im »On« oft maßgeblich und bewirken mitunter sogar entscheidende Handlungsumschwünge und dramatische Wendungen. Dafür bedient man sich heute freilich nicht mehr eines mauerschauenden Augenzeugen, doch im Grunde sind laufende Kommentare und Live-Fernsehreportagen im Stil von CNN, Video-Übertragungen oder Radiodurchsagen nichts wesentlich anderes. Bei allem Verständnis des Publikums für die

Notwendigkeit, bestimmte realistische Vorgänge ins Außerhalb bzw. Off zu verlagern, bleibt jedoch ein gewisses theatralisches Unbehagen, denn das Signal an den Zuschauer ist und bleibt: »Es passiert jetzt zwar gerade etwas Hochspannendes, es ist aber nicht hier, sondern dort – da draußen – und ihr seid leider nicht so ganz live dabei.« Wird von diesem Mittel ausgiebig Gebrauch gemacht, kann man geradezu barometrisch messen, wie die Binnenspannung des Dramas auf der Bühne und im Zuschauerraum ins Bodenlose fällt.

Das zweite, noch kritischere Beispiel ist der sogenannte Botenbericht. Es gibt viele großartige Stücke mit Botenberichten, und einige dieser Botenberichte besitzen eine hohe poetische Qualität. Das Problem ist nur, daß der Botenbericht nicht nur sagt, es ist nicht hier – er sagt auch, es ist nicht jetzt. Er vergegenwärtigt nicht nur ein räumlich entferntes, sondern auch zeitlich zurückliegendes Geschehen, und zwar durch Erzählung, nicht durch dramatische Handlung. Und das ist spannungstechnisch sehr dünnes Eis. Es gibt zahlreiche Tricks aus dem Nähkästchen der Regie, um Botenberichte für das Publikum im Sinne des Hier und Jetzt interessant zu machen. Das simpelste, in die meisten Stücke schon eingeschriebene Mittel besteht in der Spielannahme: Der Bote ist Hunderte von Kilometern gerannt und völlig außer Atem, seine Botschaft ist kolossal wichtig, aber er bekommt sie kaum über die Lippen, ringt um Luft, um Worte, und alle bangen und hoffen in höchster Not, daß er seinen Satz – bitte, bitte! – vollendet, bevor er ganz zusammenbricht. Auf diese Weise wird versucht, im Hier und Jetzt Bedingungen zu schaffen, unter denen der Botenbericht eine gewisse situative Spannung und spielerische Aktualität erhält. Doch all das kann nicht darüber hinwegtäuschen, daß der Bote letztlich sagt: Es ist nicht hier, und es war nicht jetzt. Und das ist für das Publikum immer eine Enttäuschung. Es ist, vom Wesen des Dramas her betrachtet, eine Art ontologische Frustration. Denn der dramatische Moment wird durch einen epischen Bericht ausgehöhlt, und das, was auf der Bühne geschieht, wirkt auf einmal wie ein Ereignis zweiter Klasse.

Beide Mittel – Mauerschau wie Botenbericht – dienen der Übertragung eines szenisch nicht darstellbaren Geschehens auf die Bühne. Dabei reduzieren sie den Schauspieler zeitweise auf die Rolle eines Funktionsträgers oder Sprachrohrs für eine sich dem Theater entziehende äußere Realität. Die dramatische Stärke des Schauspielers hingegen ist die innere oder besser emotionale Realität, die er nicht nur als Zeichen oder Information vermittelt, sondern tatsächlich im Hier und Jetzt der Bühnensituation erschafft. Der Schauspieler ist das Medium des Theaters, aber eben nicht im Sinne eines raunenden, lallenden Orakels, das nur reproduziert, wieder- und weitergibt, was ihm von höherer Stelle eingegeben wird, sondern vielmehr im Sinne einer produktiven Kraft, die mit ihrer Präsenz das dramatische Präsens schafft, in dem die Geschichte, die Gedanken und Gefühle der Figuren sich ereignen. Er »interpretiert« die Figur nicht, wie es ungenauerweise oft heißt, er »produziert« sie, er stellt sie dar, indem er sie herstellt – auf seine Weise, mit seinen Mitteln, mit Leib und Seele, wenn man so möchte. Die Rolle, die er spielt, erhält dadurch – durch die Verbindung mit seiner Physis, seiner Physiognomie, seiner Schauspielerpersönlichkeit – ihren speziellen Ausdruck, doch er kann diese Figur nur durch sich ausdrücken. Er hat nichts anderes, kein Instrument, kein Material, kein Werkzeug, nur sich selbst, seine Gegenwart. Insofern ist er das Medium des Theaters: Er vermittelt es nicht, er macht Theater, macht es aus sich und macht sich dazu. Der Schauspieler arbeitet an der Vergegenwärtigung einer Figur, indem er sich ihre Gedanken und

Gefühle, Motive und Motivationen zu eigen macht, im Reden und Handeln, im Zusammenspiel mit anderen Akteuren auf der Bühne und mit dem gemeinsamen Ziel, daß das Drama entsteht, daß es sich als innere, emotionale Realität hier und jetzt zwischen ihnen ereignet.

Bei den ewigen Diskussionen um das Thema Werktreue wird dies viel zuwenig bedacht. Sie laufen in der Regel als Grabenkämpfe zwischen der Regie- und der Autorenfraktion ab. Dabei war und ist der Schauspieler das Medium des Theaters. Jegliche »Interpretation« oder Inszenierung eines Stückes ist nur durch ihn hindurch möglich, und zwar als Mensch des Hier und Jetzt. Seine Gegenwart und Gegenwärtigkeit ist dabei – auch bei einem Klassiker aus ehrwürdig alter Zeit – kein Mangel oder Makel, den man möglichst verbergen oder zum Verschwinden bringen müßte, sondern geradezu vitale Bedingung für das Entstehen, das Sich-Ereignen des Dramas im Gegensatz zu seiner bloßen Deklamation.

Vergegenwärtigung bedeutet indessen keineswegs Aktualisierung. Wenn die Rede davon ist, daß sich das Drama hier und jetzt auf der Bühne ereignen soll, heißt das nicht, daß es inhaltlich und als Geschichte hier und heute spielen muß. Nicht jeder Tyrann und blutige König muß auf George Bush getrimmt werden, nicht jeder Krieg auf den Irak, nicht jeder Gauner auf Josef Ackermann. Die Geschichte muß nicht in der Gegenwart spielen, um gegenwärtig zu werden, und die Figuren müssen nicht Leute von heute sein, um eine emotionale Realität zu gewinnen, hier in diesem Raum, jetzt vor diesen Zuschauern. Es geht nicht darum, die Geschichte und die Figuren gleichzusetzen mit unserer Gegenwart, unserer Zeit, wohl aber in Beziehung zu ihr – wobei die völlige Gleichsetzung selbstverständlich auch eine Beziehung darstellt, allerdings eine der eher unterkomplexen Art, da sie alles Fremde, andere, Inkommensurable ihres Gegenstands ausblendet. »Kabale und Liebe« spielt nicht heute, es kann aber auch umgekehrt nicht nichts mit heute zu tun haben, sonst wäre es nicht zu spielen. Seine Aktualisierung wäre eine Verkürzung, seine Historisierung eine Verkennung der dramatischen Kraft, die in diesem Stück steckt. Es zu spielen, heißt nicht, es nachzuahmen oder abzubilden, sondern eine emotionale Realität zu schaffen.

Das Verhältnis des zeitgenössischen Theaters zu seinen Klassikern kann nur eines der Auseinandersetzung sein, nicht eines der Abbildung oder Wiedergabe. Eine solche Auseinandersetzung muß vom Standpunkt des Hier und Jetzt aus geschehen, nicht zuletzt deshalb, weil das Theater von Menschen des Hier und Jetzt gemacht wird: vor Zuschauern, die ihre Zeitgenossen sind und es – durch den dramatischen Moment – im emphatischsten Sinne noch einmal werden. Wohlgemerkt: Das soll kein Plädoyer dafür sein, sich nicht auf fremdartige Stoffe und ferne Zeiten zuzubewegen, die sich dem Zugriff der Gegenwart hartnäckig verweigern, es ist vielmehr die Feststellung, daß man in dem Versuch der Vergegenwärtigung auch des Entlegensten vom Hier und Heute ausgehen muß. Und das gilt um so mehr für den Schauspieler, der gar nicht anders kann, als von sich auszugehen, da er nichts anderes hat als seine Physis und seine Erfahrungen. Nicht dieser Ausgangspunkt steht bei einer ernstzunehmenden Inszenierung in Frage, sondern nur, wohin man will und wie weit man kommt.

Insofern kennt auch das Drama eine »erzählte Zeit«, es kann in einem anderen Jahrhundert angesiedelt sein, in einer anderen Epoche spielen. Die Zeit, die es darstellt, kann eine Lebensspanne umfassen, mehrere Wochen und Tage oder auch den Verlauf eines einzigen Abends, in Entsprechung zur Echtzeit der

Aufführung. Zwar schaffen größere Zeitsprünge, verschiedene Zeitebenen, häufige Vor- und Rückblenden etc. mitunter inszenatorische Probleme, aber die lassen sich in der Regel lösen. Der wesentliche Unterschied zum Roman besteht nicht in den meist eher pragmatischen Einschränkungen der erzählten oder erzählbaren Zeit eines Stückes, sondern darin, daß jede Sekunde dieser erzählten Zeit in dramatische Zeit verwandelt, sprich, vergegenwärtigt werden muß. Die Präsenz im Hier und Jetzt, das Zeitigen und Erzeugen einer emotionalen Realität im Präsens des Spielens und Zuschauens ist der springende Punkt des dramatischen Prinzips. Darin besteht die spezifische Spannung des Dramas. Auf diesen Moment sind Stück und Aufführung ausgerichtet. Erst das ist Theater: der Augenblick, in dem sich das Gesamtkunstwerk aus Bild, Text und Spiel vor den Augen der Zuschauer ereignet, in dem die künstlerische Produktion und die öffentliche Rezeption einander emphatisch begegnen, in dem die Aufführung Wirkung und Wirklichkeit wird.

Unter dem Aspekt der dramatischen Zeit sind Wirkung und Wirklichkeit einer Aufführung, Aktion und Reaktion, Produktion und Rezeption zwei Seiten ein und desselben Ereignisses. Die Unterscheidung von Wirkungs- und Werkästhetik ist insofern eine künstliche, konstruierte, weil das Drama zwar als Textvorlage, aber nicht als Aufführung eine von seiner Rezeption losgelöste Existenz hat. Wenn man aber zwischen der Rezeption im Sinne der Zuschauens und der Produktion im Sinne der Proben und des Schreibens eines Stückes unterscheidet, dann muß man sagen, daß die dramatische Produktion sehr von ihrer Rezeption bestimmt wird. Ziel und Zweck dieser Arbeit ist der dramatische Moment, das Hier und Jetzt des Theaterereignisses, die Aufführung als Vergegenwärtigung und Verwirklichung des Dramas. Dieses Aufführungsereignis versuchen Autoren, Regisseure, Ausstatter, Schauspieler etc. zu antizipieren, auf diese Wirkung arbeiten sie hin, nicht weil sie nach Effekten haschen oder auf Beifall spekulieren, sondern weil das Drama erst im Moment des Spielens und Zuschauens, erst im Moment seiner Wirkung seine Wirklichkeit erlangt. Sämtliche vorgelagerten Arbeiten sind nur Entwürfe möglicher Aufführungen, beschäftigen sich mit Theater in Virtualität. Der Autor schreibt einen Text, den Schauspieler potentiell sagen könnten, Regisseur und Schauspieler proben, wie dieser Text gespielt werden könnte. Doch sie nehmen in Gedanken die Aufführung immer vorweg. Erst in dem Ereignis selbst löst sich der dramatische Impetus endlich ein. Oder auch nicht. Unter Umständen – auch das ist charakteristisch für die Theaterarbeit – wird das virtuelle, anvisierte Drama niemals Wirkung und Wirklichkeit.

Wer die Arbeit von Theaterschaffenden und -schreibenden verstehen will, tut also gut daran, sie vom dramatischen Moment der Aufführung aus zurückzuverfolgen. Die Bedingungen einer Aufführung sind die Bedingungen der Vergegenwärtigung der Geschichte und Figuren eines Stoffes. Ihre Einschränkungen und Möglichkeiten – sowie ihre Konventionen – bedingen rückwirkend die gesamte dramatische Produktion bis hin zum einsamen Autor an seinem Schreibtisch. Die Arbeit aller an der Entstehung des Dramas Beteiligten ist im Grunde nichts anderes als die kollektive Anstrengung, einen Stoff dramatisch auszugestalten und Gegenwart werden zu lassen, sei es ein antiker Mythos wie bei Sophokles oder eine historische Quelle wie bei Shakespeare oder ein burleskes Gemälde wie bei Kleists »Zerbrochenem Krug«. Die konkreten Aufführungsbedingungen spielen dabei jeweils eine beträchtliche Rolle, und sie haben sich von Epoche zu Epoche nicht unerheblich verändert, angefangen von der Architektur der Theater und ihren technischen Möglichkeiten über die sozialen

Konventionen und Rituale des Theaterbesuchs bis hin zu den Sehgewohnheiten der Zuschauer. Was sich bei allem, was wir Theater nennen, hingegen nicht verändert hat, ist das dramatische Grundprinzip, die performative Logik des Ereignisses: Denn egal was als dramatisch verstanden und empfunden wird, es muß sich mit den Mitteln des Spiels hier und jetzt vor den Augen der Zuschauer vollziehen. Die Zeiten und Theatermoden ändern sich, aber das Wesen des Dramas ist und bleibt die Transformation einer Geschichte in die gesteigerte, intensivierte Gegenwärtigkeit des Hier und Jetzt, ihre Verwandlung ins dramatische Präsens und in sinnliche Präsenz.

## *Das Überschreiten der biologischen Uhr*

Den unmittelbarsten Kontakt zur Wirkung und Wirklichkeit des Dramas hat der Schauspieler. Er schafft die emotionale Realität des dramatischen Moments und spürt, wie die Zuschauer seinem Spiel folgen, daran Anteil nehmen und teilhaben. Gelingt es ihm nicht, den Raum des Hier und Jetzt auszufüllen und die Zuschauer in seinen Bann zu ziehen, zerfällt der dramatische Moment in verschiedene Zeiten. Es entstehen leere Augenblicke, Löcher, wie man im Theater sagt, während das Publikum zusehends in sich und seine eigene Körperzeit versinkt. Das Ticken der biologischen Uhr im Zuschauerraum wird immer vernehmlicher, die orthopädische Unruhe und die Hustenfrequenz nehmen zu.

Die dramatische Zeit und die biologische Uhr des Zuschauers sind die zentralen Antagonisten im Theater. Dramatische Zeit ereignet sich gewissermaßen unter Überlistung der biologischen Uhr – durch die Synchronisierung des Zeittakts der Spieler und

Zuschauer im Hier und Jetzt. Der dramatische Moment bringt jeden Einzelnen dazu, seine eigene Körperzeit zu vergessen, seine Müdigkeit oder Schwerfälligkeit, aber auch seine Überbeschleunigung und innere Hochgeschwindigkeit. Vor Vorstellungsbeginn gehen die biologischen Uhren der Anwesenden durcheinander. Der eine kommt mitten aus dem Streß, der andere hatte einen angenehm langweiligen Nachmittag. Nur wenn der Rhythmus der Aufführung verfängt, springen sämtliche Uhren auf Jetzt und partizipieren an ein und derselben Gegenwart. »Ich schaute um Viertel nach acht auf die Uhr, und es war schon halb elf«, so sollte im Idealfall das Verhältnis von erlebter und objektiver Zeit am Ende der Aufführung aussehen. Präsenz und Präsens des Spiels haben die Echtzeit der Spieldauer, die Eigenzeit der ausharrenden, eingezwängten Körper aufgehoben.

Die biologische Uhr des Zuschauers ist der natürliche Feind des Schauspielers, sein »Angstgegner«. Und sie tickt immer gnadenloser. Hatte der Durchschnittszuschauer in Zeiten des Elisabethanischen Theaters noch die Fähigkeit, vier Stunden stehend auszuharren und einem Shakespeare-Drama zu folgen, ist die Aufmerksamkeitsspanne, in der die Schauspieler überhaupt eine faire Chance haben, ihr Publikum zu erreichen, tendenziell immer kürzer geworden. Die Taktung des Zuschauerorganismus ist heutzutage so, daß Konzentration und Kondition spätestens nach anderthalb Stunden erschöpft sind. Die biologische Uhr des Zuschauers tickt lauter und schneller denn je, woraus keineswegs folgt, daß eine heutige Inszenierung mit Lautstärke und Beschleunigung darauf antworten muß, sie hat es nur grundsätzlich schwerer, ihr Zeitmaß, ihren Rhythmus im Wechselspiel mit dem Publikum zu etablieren, denn die Zuschauer werden immer ungeduldiger und damit auch immer ungleichzeitiger. Der massive und manchmal inflationäre Einsatz von Schauspielmusik als

Takt- und Rhythmusgeber einer Aufführung hat nicht zuletzt darin seinen Grund.

Das brutale Ticken der biologischen Uhr ist selbstverständlich nicht nur während der Vorstellung im Theater zu vernehmen, sondern bis in die Schreibstuben der Dramatiker. Alle Arbeiter und Vorarbeiter des Aufführungsereignisses streben nach der Aufhebung der isolierten Körperzeit der Beteiligten und Zuschauenden im Rhythmus eines Gemeinschaftserlebnisses, sie streben danach, die biologische Uhr des Einzelnen zu transzendieren zugunsten der gesteigerten Intensität und Intimität des dramatischen Moments. Und es gibt diese Momente, bei aller Krisenhaftigkeit des Theaters, bei aller Disparatheit und Ungleichzeitigkeit des Publikums. Die dramatische Zeit ist nicht tot, das Bedürfnis nach ihr ist in unserer individualistischen Welt vielleicht sogar größer denn je.

Am Ticken der biologischen Uhr kann man den Unterschied zwischen dramatischer und epischer Zeit unmißverständlich festmachen. Die biologische Uhr des Zuschauers ist für sämtliche Theaterschaffenden eine Größe, eine Instanz, also letztendlich und uranfänglich auch für den Dramatiker. Sie spielt für die Bühne eine zentrale Rolle, für das Buch nicht. Das Epos verfügt über seine eigene Erzählzeit, losgelöst von der biologischen Uhr des Lesers. Dieser kann den Roman in einem Atemzug lesen, kapitel- oder seitenweise oder sogar Satz für Satz. Es gibt keinen per Konvention und gemeinschaftlicher Organisation festgelegten biodynamischen Zeitablauf für die Rezeption eines Romans. Epische Zeit ist die Eigenzeit eines Romans, und sie kann vom Leser ganz individuell und »unkonventionell« erlebt werden, denn letztlich ist er selbst Produzent und Rezipient des Leseerlebnisses. Und er entscheidet nach eigenem Gutdünken, wo, wann und wie dieses Leseerlebnis stattfindet – oder auch nicht.

Selbstverständlich hängt das Timing oder der »Atem« der Lektüre nicht allein von der Zeithoheit des Lesers ab, sondern auch von dem Zeitgewebe, dem Erzählrhythmus und Sog eines Romans. Und selbstverständlich kennt auch und gerade der Leser die Erfahrung, daß er Tag und Stunde vergißt, seine eigene Körper- und Lebenszeit transzendiert und gleichsam eintaucht in die erzählte Zeit, in die Wörterwelt eines Romans. Spannung, Atemlosigkeit, Kurz- oder Langweiligkeit – sämtliche Begriffe, mit denen wir ein Aufführungserlebnis beschreiben, taugen auch zur Beschreibung eines Leseerlebnisses. Der Transfer der Phantasie, die innere Kommunikation mit einem vorgestellten Geschehen, einer Geschichte und ihren Figuren ist bei Buch und Bühne wesensverwandt. Doch die individuelle Verfügbarkeit der Lektüre, die Intimität der Lesesituation im Unterschied zur Öffentlichkeit des Aufführungsereignisses, die Zeitfreiheit des Epischen versetzen den Romanautor in eine völlig andere Ausgangslage. Er kann ohne Rücksicht auf den engen, zur Gegenwart drängenden Zeitrahmen eines Theaterabends über die verschiedenen Zeiten schalten und walten, Ungleichzeitigkeiten herbeiführen, auf Vergangenheit, Gegenwart und Zukunft zugreifen. Er kann die Zeit des Erzählens radikal subjektivieren und individualisieren in demselben Maße, wie der Leser sie subjektiv und individuell rezipiert. Er ist von der biologischen Uhr, vom Gesetz der objektiv vergehenden Echtzeit im Erzählen befreit.

Für mich persönlich war die Befreiung von der biologischen Uhr und dem Zwang zur Gegenwart bzw. Vergegenwärtigung im Theater das Schlüsselerlebnis im Übergang vom reinen Dramatiker zum Romanautor, der auch für die Bühne schreibt und bearbeitet. Mein literarischer Lebenslauf ist, so gesehen, prototypisch. In der Sturm-und-Drang-Phase meiner Zwanzigjährigkeit entstand in rascher und mitunter auch abrupter Folge eine ganze

Reihe von Stücken. Ziemlich genau mit dem dreißigsten Lebensjahr begann dann die Arbeit am ersten Roman, also exakt zu dem Zeitpunkt, da man sich – landläufigerweise – die dramatischen Hörner abgestoßen hat und über genügend Lebenserfahrung verfügt, um etwas ausgreifender und umfänglicher zu erzählen. Mit zweiunddreißig erschien mein erster Roman »Vom Wasser«, und ich galt – nachdem ich für einen Dramatiker fast schon zu alt war – noch einmal als »junger Autor« in der literarischen Landschaft. Insofern könnte man sagen: Klischee erfüllt.

Doch das ist die Außensicht. Die Innensicht oder – wenn man so möchte – Werkstattseite dieses Übergangs vom Dramatiker und zum Romanautor ist eine andere. Ich hatte den Stoff und die Figuren von »Vom Wasser« schon eine ganze Weile mit mir herumgetragen, aber nie eine Form gefunden, in der sich diese Geschichte erzählen ließ, vor allem deshalb, weil ich auf dem Theater nach einer Möglichkeit dafür suchte. Schließlich hatte ich bis dato nur mit dramatischen Formen gearbeitet und experimentiert. Der Gedanke, mit dem mir auf einmal klarwurde, daß ich es nicht mit einem Dramen-, sondern mit einem Romanstoff zu tun hatte, war so schlicht wie ergreifend, das braucht Zeit! Und die Freude und das Erschrecken darüber folgten auf dem Fuße: »Im Roman hast du Zeit, du bist an keine performative Logik, an keine objektive Zeitstruktur gebunden und hast keine biologische Uhr gegen dich. Du hast unendlich viel Zeit. Du bist vollkommen frei – und verloren.« Denn die Grenzen und Einschränkungen der dramatischen Zeit im Rahmen einer möglichen Aufführung sind gleichermaßen Fessel und Halt.

Ein Drama ist von Zeit und Umfang her überschaubar, das muß es auch sein, sonst wird es von der Regie und den Schauspielern überschaubar gemacht. Ein Roman dagegen ist ein weites Feld, auf dem es keine Markierungen und Grenzen gibt, es sei denn, man setzt sie sich selbst. Die Autonomie und Autarkie des Romans und seiner Erzählzeit ist zugleich ein Fluch – es ist kein Ende in Sicht, und der Adressat, den man sich denkt, ist flüchtig und schwer zu fassen. Nicht zuletzt dadurch unterscheidet sich das Schreiben fürs Theater vom Schreiben eines Romans: Das Theaterpublikum ist ein sehr konkretes, leibhaftiges Gegenüber in dem entscheidenden Moment, in dem das Drama sich ereignet, der Adressat eines Romans hingegen ist ein phantomartiges Wesen und letztlich so körperlos und frei erfunden wie die epische Zeit, in der es angesprochen wird.

Die Freiheit und Verlorenheit des Romanautors in der Zeit ist unendlich, der Beginn eines Romans ein Schritt in die völlige Ungewißheit, in der es nichts gibt außer dem Wissen um die Geschichte. Sie ist das einzige Lied, das man im Dunkeln vor sich hinpfeifen kann, um die Angst vor dem Verlorengehen zu besiegen. Doch je sicherer man sich seiner Geschichte wird, je mehr man das Eigenleben der Figuren unter den Händen spürt und sich ihnen überlassen kann, desto mehr entwickelt sich die Arbeit an einem Roman zu einem langen, sehr langen Spaziergang im Gespräch mit sich selbst oder einem engen Vertrauten. Diese Intimität des Romans mit sich und seinem selbsterfundenen Adressaten steht im krassen Gegensatz zur Öffentlichkeit eines Theaterereignisses und dem organischen Gegenüber des Publikums mit seiner bronchialen Ungeduld und seiner Körperzeit. Das leise, liebevolle Eingeweihtsein des idealen Lesers in jeden Gedanken, jede Gefühlsregung, in alles Gemeinte steht im denkbar größten Kontrast zu dem massiven Kommunikations- und Vermittlungsaufwand zwischen Bühne und Zuschauerraum, zu den inszenatorischen Vergegenwärtigungsbemühungen und physischen Verausgabungen im Spiel des Hier und Jetzt. Was mich nach den wilden ersten Jahren als Dramatiker bei der Arbeit an meinem ersten Roman so überrascht hat, war die unglaubliche Stille des Schreibens. Keine tickenden Uhren, kein Lachen und Lärmen im virtuellen Zuschauerraum, nur die Geräuschlosigkeit des Worts. Das hatte etwas Bezauberndes, aber auch Beängstigendes. Ich war zum ersten Mal als Autor im Raum und in der Zeit der Sprache allein.

Das Schreiben sowohl eines Dramas als auch eines Romans läßt sich mit einer Reise vergleichen. Man legt als Autor – wie später als Zuschauer oder Leser – mit den Protagonisten und Figuren eine gewisse Wegstrecke zurück. Und diese Reise bringt eine Veränderung, für die Charaktere der Geschichte, aber im besten Fall auch für all jene, die zuschauend oder lesend daran teilhaben. Der Unterschied ist nur – um ein Bild zu gebrauchen –, daß das Schreiben eines Romans eine stille Wanderung ist, bei der sich der Autor mit sich selbst und der Welt unterhält, weitläufige Umwege gehen kann, vorwärts, rückwärts, seitwärts schreitet und auch gelegentlich an der einen oder anderen Stelle innehalten und verweilen darf. Da das Ende weit entfernt ist und man weiß, es wird noch lange dauern, hat man nicht nur Zeit, man kann sie sich nehmen, einen Augenblick festhalten, ihn drehen und wenden, von verschiedenen Seiten betrachten, bevor man ihn wieder in den Lauf der Zeit zurücktreten läßt. Durch seine Zielferne oder auch Zielvergessenheit ist der Roman vom Zwang und Drang des ständigen Vorwärts oder besser »Gegenwärts« befreit. Anders das Drama, das genau diesen Zug und Druck, die unbedingte Richtung und den Widerstand der Gegenwärtigkeit braucht. Mit einer stillen Wanderung hat das nichts mehr zu tun. Vielmehr komme ich mir beim Schreiben fürs Theater – an den schlechten Tagen – manchmal vor wie der Reiseleiter eines Touristenbusses auf dem Weg zu einem möglichst abenteuerlichen Ausflugziel, in der einen Hand das Steuer, in der anderen ein übersteuertes Bordmikrophon, in das ich unentwegt Sätze hineinspreche, um zu verhindern, daß sich die Reisegesellschaft unterwegs langweilt und rebelliert.

Zieht man die Verschiedenartigkeit der Zeitstrukturen in Betracht, so ist klar – und es hätte mir von vornherein klar sein müssen –, daß sich eine vom Wasser geprägte und vom Wasser erzählende Geschichte nicht in Form eines Theaterstücks, nicht innerhalb der dramatischen Zeit darstellen läßt. Die zeitliche Gestalt des Wassers, sein Fließen und Verweilen, seine Wellenkreise und Wiederholungen, die Ewigkeit und Unaufhörlichkeit seiner Bewegung, in der Vergangenheit, Gegenwart und Zukunft verschwimmen – all das hat im dramatischen Präsens des Hier und Jetzt weder Raum noch Zeit. Und so wurde schließlich, trotz aller Verlorenheits- und Freiheitsängste, die epische Zeit und Form für mich unausweichlich. »Du lieber Gott, es wird ein Roman!« Diese Schreibtisch-Erkenntnis war durchaus ein Schock. Und ich konnte mich zu diesem uferlosen Arbeitsabenteuer damals nur überreden, indem ich mir sagte: »Du hast jetzt acht Jahre lang Theaterstücke geschrieben, du hast eigentlich immer geschrieben, wenn auch sehr unterschiedliche Dinge, ab jetzt wirst du für eine lange, lange Zeit nur diese eine Geschichte schreiben, aber mehr als acht Jahre wird es schon nicht dauern.« Erstaunlicherweise hatte ich recht.

Vieles, was ich über den Gegensatz von epischer und dramatischer Zeit gesagt habe, berührt den Unterschied zwischen dem geschriebenen und dem gesprochenen Wort. Jeder Satz, den der Dramatiker zu Papier bringt, ist dazu da, um gesprochen zu werden. Er ist dem Körper, der menschlichen Stimme, dem Akt des Sprechens als schauspielerischer Handlung zugedacht. Selbstverständlich werden auch Theatertexte gedruckt und im stillen gelesen, aber die Bestimmung eines jeden Satzes, der auf dem Papier steht, ist es, von einem Schauspieler gesagt und von einem Publikum gehört zu werden. Das Drama erlangt seine Gegenwärtigkeit durch das gesprochene Wort, erst in der Vielstimmigkeit der Figuren entfaltet es sich. Der Dramatiker weiß das und überprüft seine Sätze insofern nicht unter dem Gesichtspunkt ihrer belletristischen Schönheit, sondern ihrer Sprechbarkeit und Pointiertheit in der dramatischen Situation. Es geht darum, wie ein Satz sich auf der Bühne anhört, laut und vor Leuten, und es geht darum, wie er sich im übertragenen und buchstäblichsten Sinne sagen läßt, wie man ihn zwischen die Kiefer bekommt, ihn artikulieren, aussprechen kann. Als gesprochenes Wort unterliegt die Sprache des Dramas einer performativen Logik, sie steht und fällt ganz anders in der Zeit als die in Buchform aufgehobene Sprache des Romans, die in die Stille hineingeschrieben und in der Intimität des Lesens erlebt wird. Durch die Schrift löst sich das sprachliche Zeichen vom Körper und von der Stimme des Erzählenden. Sprache und Ton eines Romans werden durch ihre Bewahrung im Buch körperlos. Seine Sätze bewegen sich durch eine abstrakte Zeit, die nicht gebunden ist an eine konkrete Situation, an die performativen Abläufe einer Darbietung und die biodynamischen Muster der kollektiven Aufmerksamkeit. Aus der gebundenen ist eine frei verfügbare Zeit geworden, die sich der Einzelne nach seinen Wünschen und Bedürfnissen einfach nimmt.

Selbstverständlich tritt der Roman mit seiner epischen Zeitstruktur auch als gesprochene Sprache auf. Es gibt oder gab Volksepen, Märchen und Erzählungen in uralten, vorliterarischen Formen der mündlichen Überlieferung, es gibt heutzutage eine breitgefächerte Ereigniskultur von Lesungen und Poetry-Slams. All diese Sprech- und Vortragsformen haben performativen Charakter. Sie folgen der performativen Logik des Produzierens und Rezipierens. Geschriebene Sprache wird wieder verkörperlicht im Hier und Jetzt des Veranstaltungsraums. Körper und Stimme des Vortragenden zeitigen den Text, gestalten ihn (willkürlich oder unwillkürlich) und vermitteln ihn den anwesenden Zuhörern – nicht durch einen schauspielerischen Akt, sondern als Rezitation. Doch auch das reine Vorlesen unterliegt performativen Gesetzen und ist rückgekoppelt an die Resonanz der Zuschauer mit ihren durcheinandertickenden biologischen Uhren. »Lesen Sie nicht länger als eine Stunde«, wird einem als Autor auf Lesereise in der Regel geraten, »besser noch wären fünfundvierzig Minuten und anschließend ein möglichst lebhaftes Gespräch ...« Das sind legitime Maßgaben einer performativen Logik, wie sie dem Biorhythmus und den sozialen Konventionen der Veranstaltung entsprechen. Sie gelten für eine Lesung, aber – gottlob – nicht für das Buch, den Roman als solchen. Ihm ist die Aufhebung der Körperzeit des Zuhörers, die man bei Lesungen durch höchste Konzentration erst schaffen muß, von vornherein geschenkt.

Natürlich entsteht auch das Leseerlebnis im stillen nicht von Zauberhand oder durch Telepathie. Es gibt in der Regel ein haptisch faßbares Buch und einen Leser im körperlichen Zustand der Müdigkeit oder Wachheit, der Beschleunigung oder Langsamkeit, es gibt einen konkreten Raum und eine Zeit – den Leseabend im Ohrensessel, eine lange Zugreise, die Bastmatte am Strand. Doch anders als bei allen anderen performativen Ereignissen ist der Leser eines Buches allein mit sich, er ist Produzent und Rezipient in einer Person. Seine Lektüre ist sozusagen der Sonderfall einer mentalen Performance für sich selbst, des stillen, phantastischen Akts des Verstehens, und dieser ist frei und unabhängig von Ort und Zeit.

Die durch das Medium Buch geschenkte Zeitfreiheit ist indessen keine Befreiung von der Notwendigkeit einer zeitlichen Ordnung des Erzählens. Im Gegenteil. Je größer die Freiheitsgrade der Rezeption, je weniger das Lesen als biodynamischer Ablauf und soziale Konvention eine äußere Struktur bzw. einen Rahmen vorgibt, desto tiefgreifender ist die Notwendigkeit einer zeitlichen Gliederung und Strukturierung des Romans aus sich heraus. Es gehört zu den schwierigsten Aufgaben des Epikers, seine Geschichte in der Zeit zu entfalten, in eine Chronologie, ein erzählerisches Nacheinander zu bringen. Wann erzähle ich was, welche Information gehört an welche Stelle, wieviel wissen die Figuren zu welchem Zeitpunkt etc. Für mich persönlich hat die Idee für einen Roman oder eine Geschichte, die Begegnung mit einem Stoff und seinen Figuren immer etwas Urknallartiges. Der Nukleus einer Geschichte ist für mich gewissermaßen ein zeitloses Moment, der Kern ist auf einmal da, eine ungeheure Verdichtung von Materie, die sich noch nicht in Zeit und Raum ausgedehnt und ausgestaltet hat.

Es ist nicht möglich, diese urknallartige Gleichzeitigkeit einer Idee unmittelbar in eine Form zu bringen; wenn man erzählen möchte, ob dramatisch oder episch, muß man ein Nacheinander erzeugen – im Theater das Nacheinander der Augenblicke, im Roman das Nacheinander der Worte. Selbst wenn es gelingen sollte, im Erzählen eine Illusion von Gleichzeitigkeit zu vermitteln, ist es doch immer wieder ein Satz, der endet, dann folgt der nächste Satz, dann noch einer usf. Dieses Nacheinander, diese Chronologie des Erzählens ist etwas Unausweichliches und zugleich seltsam Unerfindliches. Wie man eine Idee in die Zeit bringt, wie man einer Geschichte genau die zeitliche und erzählerische Struktur verleiht, die ihr entspricht, dafür gibt es keinen Rat und kein Rezept, denn jeder Stoff will seine eigene spezifische Form. Man fängt als Autor immer wieder bei Null an.

Die Frage des zeitlichen Nacheinanders beschäftigte schon Aristoteles, den Urvater der Poetik, den ich in dieser kleinen Poetologie des Lebens und Schreibens noch einmal zu Wort kommen lassen möchte. Aristoteles ist vielleicht der einzige Mensch, der einen mehr als zweitausend Jahre gültigen Satz über Dramaturgie gesagt hat. Er stammt aus der »Poetik«, Kapitel 7:

> »Wir haben festgestellt, daß die Tragödie die Nachahmung einer in sich geschlossenen und ganzen Handlung ist, die eine bestimmte Größe hat. Ein Ganzes ist, was Anfang, Mitte und Ende hat.«

Darüber, ob die Tragödie die Nachahmung einer in sich geschlossenen und ganzen Handlung ist, kann man streiten. Unbestreitbar aber ist, daß sie Anfang, Mitte und Ende hat. Was das bedeutet, führt Aristoteles noch ein wenig genauer aus:

> »Ein Anfang ist, was selber nicht mit Notwendigkeit auf etwas Anderes folgt, nach dem jedoch natürlicherweise etwas Anderes eintritt oder entsteht. Ein Ende ist umgekehrt, was selbst natürlicherweise auf etwas Anderes folgt, und zwar notwendigerweise oder in der Regel, während nach ihm nichts Anderes mehr eintritt.«

Insofern ist das ideale Ende – und die meisten Tragödien machen weidlich Gebrauch davon – der Tod. Danach kommt in der Regel nicht mehr viel.

> »Eine Mitte ist, was sowohl selbst auf etwas Anderes folgt als auch etwas Anderes nach sich zieht.«

Es lohnt sich sehr, über diese scheinbar so simple Beschreibung von Anfang, Mitte und Ende nachzudenken. Denn es ist meines Wissens die einzige Charakterisierung von Dramaturgie, die auf alle Spielformen und Möglichkeiten von Drama heute und in früheren Zeiten zutrifft. Jeder Theaterabend, jedes Aufführungsereignis, jedes Stück hat Anfang, Mitte und Ende. Die Schwierigkeiten des ersten Satzes zum Beispiel erklären sich durch Aristoteles' Spezifierung des Anfangs, schließlich fängt, genau genommen, nie wirklich etwas an: Alles in der Welt folgt auf etwas, steht in vielfältigen kausalen Zusammenhängen, selbst eine Geburt ist kein wirklicher Anfang, denn ihr ist – wie wir alle wissen – einiges vorausgegangen, auch sie folgt mehr oder weniger notwendig oder zwangsläufig auf etwas anderes. Jeder Anfang ist willkürlich, eine Setzung bzw. Erfindung in letzter Instanz. Und jeder, der erzählt, nimmt eine solche willkürliche Setzung vor, er trennt die Zusammenhänge des Lebens in Geschichte und Vorgeschichte. Er behauptet einen Beginn und schafft damit eine eigene Zeitrechnung.

In Anbetracht der Schwierigkeiten des Anfangs erscheint das Ende, zumindest im Theater, nachgerade einfallslos und absehbar. Der Tod in der Tragödie ist so sicher wie das Amen in der Kirche. Die Frage ist in der Regel nicht, ob gestorben wird, sondern nur auf welche Art und Weise. Im Grunde ist in der Tragödie das Ende vor dem Anfang da: Der Tod ist gegeben, finden Sie das Leben heraus! Dieses finale Gefühl, das Wissen darum, daß das erste Mal auch das letzte ist und daß es nicht nur um Sein oder Nichtsein geht, sondern auch alles Sein vom Nichtsein angefaßt ist, verleiht dem Drama seine Brisanz und Gefährlichkeit. Der Tod ist die Größe, mit der im Theater gespielt, gegen die angespielt wird. Durch den Gedanken des Todes entsteht auf der Bühne die maximale Gegenwärtigkeit, die intensivste Steigerung des Hier und Jetzt, die mit der unumschränkten Gegenwart des Todes endet. Insofern ist die dramatische Zeit immer eine Zeit, die den Tod oder das Ende heraufbeschwört. Diese Nähe zum Ende ist die eigentliche Triebkraft des Theaters: Erst stemmt es sich dagegen, dann geht es darauf zu. Das Ende schwebt als Damoklesschwert über jedem Anfang. Szene für Szene bewegt sich das Drama am Rand des Abgrunds entlang, immer in Todesnähe, im Sog des Nichts, davon lebt es, dadurch lebt es auf. Und kaum hat das Leben begonnen, ist es auch schon wieder vorbei.

Die Mitte im Drama ist ein schmaler Grat, denn das Theater ist der Ort des Ersten und Letzten, so wie die dramatische Zeit eine des Anfangs und Endes ist. Zwischen diesen Extremen bewegt sich das Stück – nicht nur als Ganzes, sondern in jedem Moment! Der Roman hingegen lebt durch seine Mitte. Die größten Romane, die ich kenne, haben eine beträchtliche Mitte. Sie fangen an, natürlich, sie haben einen manchmal bezaubernden Anfang, aber der Grund, weshalb ich diese Romane liebe, ist ihre Mitte. Denn das Grandiose daran ist, daß sie den Tod oder die Zeit vorübergehend aufhebt. In der Mitte eines Romans scheint das Ende suspendiert, es ist, als würde das phantastische Leben, das man im stillen mit den Figuren und ihrer Geschichte lebt, niemals aufhören. Das Ende ist also nicht wie im Theater allgegenwärtig, sondern oftmals unendlich weit weg, und das sind mitunter die schönsten, ewigen Momente des Erzählens. Seine Zielferne oder Zielvergessenheit ist eine zarte, schwebende Überschreibung des Todes und des Diktats der dahinrasenden Zeit. Durch seine scheinbar grenzenlose Mitte transzendiert der Roman seine Zeitlichkeit, und der Leser folgt ihm auf diesem Weg in der Überschreitung des Endlichen und den Grenzen seiner Person, die sich über das Hier und Jetzt erhebt – nicht um es zu vergessen, sondern um es aus dem Abstand zu erkennen.

Insofern wage ich zu guter Letzt doch noch eine Definition: Die dramatische Zeit des Theaters ist die Form des Anfangs und Endes, die epische Zeit des Romans ist die Form der Mitte. Damit bin ich am Ende dieses Buches und mit einer Spur von Wehmut wieder zurück in der finalen Zeitlichkeit. Doch ich hoffe, ich konnte auf dieser Gedankenreise durch die Poetologie des Lebens ein wenig von der Mitte und dem Mittelpunkt meiner Arbeit umschreiben.

## *Danksagung*

Dieses Buch basiert auf vier Vorträgen, die ich im Rahmen meiner Poetikprofessur an der Universität Bamberg frei gehalten habe. Anne-Katrin Böhme hat sich dankenswerterweise die Mühe gemacht, die Tonaufnahmen dieser Vorträge zu transkribieren. Ihre Mitschriften habe ich dann wiederum über- und ausgearbeitet, die zahlreichen Anregungen und Gespräche aufnehmend, die sich im Anschluß an die Vorträge und im Rahmen des abschließenden Poetik-Symposiums in Bamberg ergeben haben. Dafür danke ich allen Beteiligten sehr, insbesondere aber Prof. Dr. Friedhelm Marx, ohne den dieses Buch nicht zustande gekommen wäre.

John von Düffel

# Inhalt